缙云轩辕祭典

总主编 金兴盛

浙江省非物质文化遗产代表作丛书

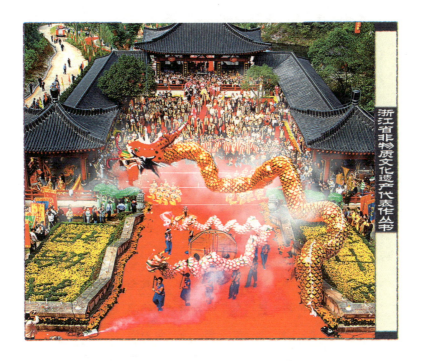

浙江摄影出版社

项一中

编著

总　序

中共浙江省委书记
省人大常委会主任　夏宝龙

非物质文化遗产是人类历史文明的宝贵记忆，是民族精神文化的显著标识，也是人民群众非凡创造力的重要结晶。保护和传承好非物质文化遗产，对于建设中华民族共同的精神家园、继承和弘扬中华民族优秀传统文化、实现人类文明延续具有重要意义。

浙江作为华夏文明发祥地之一，人杰地灵，人文荟萃，创造了悠久璀璨的历史文化，既有珍贵的物质文化遗产，也有同样值得珍视的非物质文化遗产。她们博大精深，丰富多彩，形式多样，蔚为壮观，千百年来薪火相传，生生不息。这些非物质文化遗产是浙江源远流长的优秀历史文化的积淀，是浙江人民引以自豪的宝贵文化财富，彰显了浙江地域文化、精神内涵和道德传统，在中华优秀历史文明中熠熠生辉。

人民创造非物质文化遗产，非物质文化遗产属于人民。为传承我们的文化血脉，维护共有的精神家园，造福子孙后代，我们有责任进一步保护好、传承好、弘扬好非物质文化遗产。这不仅是一种文化自觉，是对人民文化创造者的尊重，更是我们必须担当和完成好的历史使命。对我省列入国家级非物质文化遗产保护名录的项目一项一册，编纂"浙江省非物质文化遗产代表作丛书"，就是履行保护传承使命的具体实践，功在当代，惠及后世，有利于群众了解过去，以史为鉴，对优秀传统文化更加自珍、自爱、自觉；有利于我们面向未来，砥砺勇气，以自强不息的精神，加快富民强省的步伐。

党的十七届六中全会指出，要建设优秀传统文化传承体系，维护民族文化基本元素，抓好非物质文化遗产保护传承，共同弘扬中华优秀传统文化，建设中华民族共有的精神家园。这为非物质文化遗产保护工作指明了方向。我们要按照"保护为主、抢救第一、合理利用、传承发展"的方针，继续推动浙江非物质文化遗产保护事业，与社会各方共同努力，传承好、弘扬好我省非物质文化遗产，为增强浙江文化软实力、推动浙江文化大发展大繁荣作出贡献！

（本序是夏宝龙同志任浙江省人民政府省长时所作）

前 言

浙江省文化厅厅长　金兴盛

要了解一方水土的过去和现在,了解一方水土的内涵和特色,就要去了解、体验和感受它的非物质文化遗产。阅读当地的非物质文化遗产,有如翻开这方水土的历史长卷,步入这方水土的文化长廊,领略这方水土厚重的文化积淀,感受这方水土独特的文化魅力。

在绵延成千上万年的历史长河中,浙江人民创造出了具有鲜明地方特色和深厚人文积淀的地域文化,造就了丰富多彩、形式多样、斑斓多姿的非物质文化遗产。

在国务院公布的四批国家级非物质文化遗产名录中,浙江省入选项目共计217项。这些国家级非物质文化遗产项目,凝聚着劳动人民的聪明才智,寄托着劳动人民的情感追求,体现了劳动人民在长期生产生活实践中的文化创造,堪称浙江传统文化的结晶,中华文化的瑰宝。

在新入选国家级非物质文化遗产名录的项目中,每一项都有着重要的历史、文化、科学价值,有着典型性、代表性:

德清防风传说、临安钱王传说、杭州苏东坡传说、绍兴王羲之传说等民间文学,演绎了中华民族对于人世间真善美的理想和追求,流传广远,动人心魄,具有永恒的价值和魅力。

泰顺畲族民歌、象山渔民号子、平阳东岳观道教音乐等传统音乐，永康鼓词、象山唱新闻、杭州市苏州弹词、平阳县温州鼓词等曲艺，乡情乡音，经久难衰，散发着浓郁的故土芬芳。

泰顺碇步龙、开化香火草龙、玉环坎门花龙、瑞安藤牌舞等传统舞蹈，五常十八般武艺、缙云迎罗汉、嘉兴南湖掼牛、桐乡高杆船技等传统体育与杂技，欢腾喧闹，风貌独特，焕发着民间文化的活力和光彩。

永康醒感戏、淳安三角戏、泰顺提线木偶戏等传统戏剧，见证了浙江传统戏剧源远流长，推陈出新，缤纷优美，摇曳多姿。

越窑青瓷烧制技艺、嘉兴五芳斋粽子制作技艺、杭州雕版印刷技艺、湖州南浔辑里湖丝手工制作技艺等传统技艺，嘉兴灶头画、宁波金银彩绣、宁波泥金彩漆等传统美术，传承有序，技艺精湛，尽显浙江"百工之乡"的聪明才智，是享誉海内外的文化名片。

杭州朱养心传统膏药制作技艺、富阳张氏骨伤疗法、台州章氏骨伤疗法等传统医药，悬壶济世，利泽生民。

缙云轩辕祭典、衢州南孔祭典、遂昌班春劝农、永康方岩庙会、蒋村龙舟胜会、江南网船会等民俗，彰显民族精神，延续华夏之魂。

我省入选国家级非物质文化遗产名录项目，获得"四连冠"。这不仅是我省的荣誉，更是对我省未来非遗保护工作的一种鞭策，意味着今后我省的非遗保护任务更加繁重艰巨。

重申报更要重保护。我省实施国遗项目"八个一"保护措施，探索落地保护方式，同时加大非遗薪传力度，扩大传播途径。编撰浙江非遗代表作丛书，是其中一项重要措施。省文化厅、省财政厅决定将我省列入国家级非物质文化遗产名录的项目，一项一册编纂成书，系列出版，持续不断地推出。

这套丛书定位为普及性读物，着重反映非物质文化遗产项目的历史渊源、表现形式、代表人物、典型作品、文化价值、艺术特征和民俗风情等，发掘非遗项目的文化内涵，彰显非遗的魅力与特色。这套丛书，力求以图文并茂、通俗易懂、深入浅出的方式，把"非遗故事"讲述得再精彩些、生动些、浅显些，让读者朋友阅读更愉悦些、理解更通透些、记忆更深刻些。这套丛书，反映了浙江现有国家级非遗项目的全貌，也为浙江文化宝库增添了独特的财富。

在中华五千年的文明史上，传统文化就像一位永不疲倦的精神纤夫，牵引着历史航船破浪前行。非物质文化遗产中的某些文化因子，在今天或许已经成了明日黄花，但必定有许多文化因子具有着超越时空的生命力, 直到今天仍然是我们推进历史发展的精神动力。

省委夏宝龙书记为本丛书撰写"总序", 序文的字里行间浸透着对祖国历史的珍惜, 强烈的历史感和拳拳之心。他指出: "我们有责任进一步保护好、传承好、弘扬好非物质文化遗产。这不仅是一种文化自觉, 是对人民文化创造者的尊重, 更是我们必须担当和完成好的历史使命。"言之切切的强调语气跃然纸上, 见出作者对这一论断的格外执着。

非遗是活态传承的文化, 我们不仅要从浙江优秀的传统文化中汲取营养, 更在于对传统文化富于创意的弘扬。

非遗是生活的文化, 我们不仅要保护好非物质文化表现形式, 更重要的是推进非物质文化遗产融入愈加斑斓的今天, 融入高歌猛进的时代。

这套丛书的叙述和阐释只是读者达到彼岸的桥梁, 而它们本身并不是彼岸。我们希望更多的读者通过读书, 亲近非遗, 了解非遗, 体验非遗, 感受非遗, 共享非遗。

2015年12月20日

目录

这是一个没有文字、只能口口相传的时代。

这个时代相当于人类的幼年期，因此它的记忆是浅表性的、朦胧的、不确切的。这又是一个动荡的伟大时代，地处黄河流域文明核心的各个部落群雄并起，而部落联盟的盟主炎帝神农氏却早已衰微。于是，华夏大地出现了"诸侯相侵伐，暴虐百姓"、"神农氏弗能征"的现象，而中国南方的强大首领蚩尤不失时机地"作乱"，进一步加剧了天下百姓深重的灾难。

盟主不做主，此盟必换主。据《史记》记载，有熊部落的轩辕氏正是在这一时期崛起于姬水之畔。为了消弭战乱、安定百姓，他修德振兵，克暴制凶，一统华夏，组成了一个空前庞大的部落联盟，这就是中国的雏形。而居功至伟的轩辕氏，从此成为各个部族同心拥戴的新盟主——黄帝。

在轩辕黄帝的天才领导下，黄河流域贤士如云，良臣如雨。他率领百姓"披山通道"，"拓土开疆"，各种伟大的发明创造如浪潮般涌现——五谷、节气、舟车、制陶、弓箭、蚕桑、纺轮、衣冠、宫室、医药、历法、音乐、文字等等。后来，人们把基奠华夏、功高日月的黄帝誉为"人文始祖"。

　　相传，轩辕黄帝曾在浙江的一座仙山中铸鼎炼丹，乘龙升天。为纪念他，当地百姓根据《史记正义》中黄帝"号曰有熊氏，又曰缙云氏"的记载，把此山取名为"缙云山"，并在山中建"缙云堂"，以祭祀这位"人文始祖"。

　　为什么长期生活在黄河流域的轩辕黄帝，会不远千里来到当时尚属蛮荒地区的浙南缙云？

　　这里究竟隐藏着怎样的奥秘，吸引了轩辕黄帝的目光，从而成为中国南方唯一的黄帝文化辐射中心？

　　本书作为普及性读物，对缙云轩辕祭典的历史源流进行了详尽的解读，希望能对读者了解这项国家级非物质文化遗产有所帮助。

　　是为序。

丽水市委常委、中共缙云县委书记　朱继坤

2015年10月

一、人文始祖黄帝

中华儿女尊奉轩辕黄帝为「人文始祖」，他最重要的功绩有三项：一是修德振兵，基奠华夏；二是创造发明，造福百姓；三是始创文字，传播文明。

一、人文始祖黄帝

这是一位伟大的父亲，他的儿女遍及五湖四海。

这是一座巍峨的丰碑，他的功德重于三山五岳。

他的降生，结束了神州大地的群雄纷争。

他的天才，开创了华夏文明的辉煌时代。

他，就是中华民族的"人文始祖"——轩辕黄帝。

[壹]黄帝的生平

据史料记载，在黄帝出生的年代，华夏大地上还没有国家，只有部落联盟，当时部落联盟的最高首领是炎帝。

相传炎帝姓姜，一生下来肚子就是透明的，五脏六腑全都看得见，因此可以尝百草，寻找治疗各种疾病的草药——这就是"神农尝百草"。但毋庸置疑，他对华夏更伟大的贡献，在于发现那些掉在地上的谷类不久后会长出新苗，于是他有意进行播种，等到谷子成熟后再收割。这就是人类从蒙昧时代跨入文明门槛的最伟大发明——农业。从此他被尊为农业之神，号曰"神农氏"，并被各个部落拥戴为联盟的最高首领——炎帝。

据史籍记载，炎帝神农氏传承到第八代子孙榆罔时，已经日渐衰落。《史记》载："神农氏衰，诸侯相侵伐，暴虐百姓，而神农氏弗能征。"也就是说，在神农氏衰落后，部落之间相互征战，残害百姓，但神农氏却没有力量主持正义，从而导致天下大乱。

黄帝就出生在这样一个乱世之中。

据《史记》记载："黄帝者，少典之子，姓公孙，名曰轩辕。"也就是说，轩辕黄帝的父亲叫少典。少典是什么人呢？《史记正义》载："黄帝，有熊国君，乃少典国君之次子。"换句话说，黄帝是有熊国前国君的第二个儿子。有熊国在哪里呢？在河南新郑。

《轩辕黄帝传》则说："轩辕黄帝……其母西桥氏女，名附宝，瞑见大电光绕北斗枢星，照于郊野。附宝感之而有娠……怀二十四月，生轩辕于寿丘。"意思是说，黄帝的母亲附宝看见一道强烈的电光绕着北斗枢星直闪而下，照亮了整片郊野。她感觉心头一震，就怀孕了。直到过了二十四个月，才在寿丘这个地方把黄帝生了下来。

这段记载的神奇之处在于黄帝的母亲不是跟他的父亲而是跟天上的闪电发生了一次关系就怀了孕。其实，这就是"只知有母，不知有父"的母系氏族社会的典型胎记。《史记》却说黄帝有父，名曰"少典"，可见当时正是由母系氏族社会向父系氏族社会过渡的时代。

这个在娘胎里怀了二十四个月的黄帝，生下来后有什么过人之处呢？《史记》记载：黄帝"生而神灵，弱而能言，幼而徇齐"。意思是说，他一生下来就很有灵性，不到七十天就会说话，从小就很有智慧。《轩辕黄帝传》还说："始学于项，长于姬水。帝年十五，心虑无所不通。"也就是说黄帝生长在姬水之畔，启蒙老师姓项，到十五岁，他就什么事都思考得非常通透明白。

黄帝像

　　相传到二十岁，黄帝就继承了有熊国国君之位，成为地方氏族部落的最高首领。在他的治理下，有熊国迅速崛起，他又联合诸侯打败了炎帝和蚩尤，一统华夏。他带领百姓发明五谷、蚕桑、衣冠、舟车、音律、医药、文字等等，把炎帝开创的初级原始农业推向更加高级的成熟阶段。于是，"诸侯咸尊轩辕为天子，代神农氏，是为黄帝"。据史籍记载，黄帝先后娶了四个妃子，生了二十五个儿子，活到一百一十八岁才寿终正寝。

[贰]黄帝的功绩

　　黄帝时代距今已近五千年，为什么到了21世纪的今天，全世界的中华儿女还要以如此隆重的礼仪来祭祀他？换句话说，黄帝到底有什么功绩，值得我们纪念？

概而括之，轩辕黄帝最重要的功绩有三项：一是修德振兵，基奠华夏；二是创造发明，造福百姓；三是始创文字，传播文明。

先来看黄帝的第一大功绩——修德振兵，基奠华夏。

前文说过，黄帝降生之际，正处于炎帝统治的末期。

炎帝之"炎"，《玉篇》这样解释："炎，热也，焚也。"可见"炎"字与火有关，就是与原始农业的"火耕"有关，即先砍倒树木荆棘、放火烧荒，然后进行耕种点播。而炎帝之"帝"，《说文解字》曰："帝，谛也，王天下之号也。"意为统治天下者之尊号。

据《帝王世纪》记载："炎帝神农氏，在位百二十年。崩，葬长沙。凡八世，帝承、帝临、帝明、帝直、帝来、帝哀、帝榆罔。"炎帝神农氏在位一百二十年驾崩后，又往后传了七代，到第八代榆罔之时，由于大权旁落，华夏进入了一个历史拐点，即前文所述"诸侯相侵伐，暴虐百姓，神农氏弗能征"的混乱局面。这里的"诸侯"其实是指部落首领，而这里的"百姓"其实是指贵族。在战国以前，"百姓"是对贵族的总称，因为只有贵族才有姓。连贵族都被强横的诸侯残暴地欺凌虐待，那些地位低下的普通民众，日子就更难过了。

就在这天下大乱、百姓流离失所的乱世中，轩辕登上了有熊国国君之位。为了保护自己部落的百姓不受欺凌，他立即开始训练军队。《史记》这样写道："轩辕乃习用干戈，以征不享，诸侯咸来宾从。"意思是说，轩辕精心训练军队，去征讨那些作乱的部落，于是诸侯纷纷附从。

当时，南方地区还存在着一个强大的部落联盟——蚩尤集团。《史记》记载："蚩尤最为暴，莫能伐。炎帝欲侵陵诸侯，诸侯咸归轩辕。"意思是说，蚩尤在各诸侯之中最为凶暴，没有人敢去征讨他；炎帝想乘机侵害欺压诸侯，诸侯就纷纷归顺了轩辕。而随着轩辕集团的迅速崛起，华夏大地出现了炎帝、蚩尤、轩辕三大集团三足鼎立的局面。

然而，这种局面并未维持多久。炎帝发现原本隶属于他的诸侯纷纷改换门庭、归顺轩辕之后，非常愤怒，于是中国传说时代最早的一场大战拉开了序幕，中华大地上演了一幕原始版"三国演义"。

关于这场战争，《史记》是这样描述的："轩辕乃修德振兵……教熊罴貔貅貙虎，以与炎帝战于阪泉之野。三战，然后得其志。"也就是说，轩辕进一步修行德业，整顿军旅，训练以"熊"、"罴"、"貔"、"貅"、"貙"、"虎"为名称的特种部队，最后跟炎帝在阪泉的郊野进行大战，先后打了三仗，才取得了胜利。

但和平并未就此降临。《史记》记载，炎帝带着他的残余部队逃往南方，随之而来的是"蚩尤作乱，不用帝命"，"于是黄帝乃征师诸侯，与蚩尤战于涿鹿之野"。也就是说，打败炎帝后，蚩尤仍不听从黄帝的命令，发动了叛乱，于是黄帝征调诸侯的军队，在涿鹿郊野与蚩尤展开了最后的决战。

为什么炎、黄之战中，轩辕仅仅训练了本族的"熊"、"罴"、"貔"、"貅"、"䝙"、"虎"六支部队就能取胜，而与蚩尤决战时，却丝毫不敢掉以轻心，除了派出本部族最精锐的嫡系部队之外，还要征调各个诸侯的军队，难道蚩尤真的是铜头铁臂、刀枪不入的妖魔？

史籍中关于蚩尤的记载很多。《述异记》云："（蚩尤）人身牛蹄，四目六手……耳鬓如剑戟，头有角。"《史记正义》引《龙鱼图》云："蚩尤兄弟八十一人，并兽身人语，铜头铁额，食沙石子，造立兵仗刀戟大弩，威振天下，诛杀无道，不慈仁……黄帝以仁义不能禁止蚩尤，乃仰天而叹。"也就是说，蚩尤纠合了八十一个部族，打造了各种武器，到处残杀无辜；黄帝先礼后兵，以"仁义"劝之，却难以阻止蚩尤的叛乱，因此"仰天而叹"。从字里行间可以发现，黄帝对炎帝是说打就打，对蚩尤却颇有顾忌，难道蚩尤有什么秘密武器？

铜头铁额蚩尤像

　　《吴越春秋》云："神农以石为兵，黄帝以玉为兵。"那么蚩尤呢？《管子·地数篇》云："蚩尤受庐山之金而作五兵。"也就是说，神农和黄帝部族尚停留在以"石"、"玉"为兵器的新石器时代，蚩尤部族已经率先进入了金属时代。他们在庐山脚下发现了金属矿，并将其打造成弓、戈、剑、弩、矛等五种兵器。（"铁"的古体字为"銕"，从其结构"金"旁"夷"字可知，它最早应该来自"东夷"。）

　　由此可见，在黄帝与蚩尤两大军事集团之间的实力较量中，黄帝集团在武器上的落后是"蚩尤最为暴，莫能伐"的根本原因。为了弥补武器上的劣势，黄帝只能"征师诸侯"，组成集团联军，以数量上的优势与蚩尤一决雌雄。

　　《太平御览》引《黄帝玄女战法》："黄帝与蚩尤九战九不胜。黄帝归于太山，三日三夜，雾冥。有一妇人，人首鸟形，黄帝稽首再拜，伏不敢起。妇人曰：'吾玄女也，子欲何问？'黄帝曰：'小子欲万战胜。'遂得战法焉。"也就是说，黄帝一连打了九个败仗，只好逃到泰山。三日三夜后，在大雾弥漫中，他看到一个长着人头鸟身的女子，便拜伏在地不敢起来。女子说："我是玄女，你想问点什么？"黄帝说："在下想请教怎样才能百战百胜。"于是，黄帝得到了这种兵法。

　　黄帝回军营后，立即按玄女传授之法，一边训练诸侯联军，一边派人捉到一头吼声像打雷、声震五百里的牛形怪兽"夔"，剥皮做成巨型军鼓，又命人用黄牛皮做了八十面大鼓，以振军威。为防蚩尤施展法术，黄帝召来擅长"收云息雨"的女儿"魃"助战。

终于，两大军事集团的决战在涿鹿之野打响了。

涿鹿之战可谓中国远古时代规模最大、投入兵力最多、战斗最为惨烈的一次大战。两军对垒后，黄帝先声夺人，下令擂起巨形夔牛鼓以及八十面牛皮鼓，鼓声惊天动地，士兵们勇气倍增。蚩尤军队一闻鼓声则丧魂失魄。蚩尤见势不妙，立即发起神威。《太平御览》载："黄帝与蚩尤战于涿鹿之野，蚩尤作大雾，弥三日，军人皆惑。"也就是说，蚩尤突然口喷浓雾，大雾弥漫了三天，黄帝军中天昏地暗，辨不清东南西北。相传三天后，黄帝偶然抬头，看见浓雾上方忽然露出一个云洞，洞中可见北斗星，他立即命大将风后按星斗原理制成指南车，这才冲出了浓雾的包围圈。

见黄帝成功突围，蚩尤率兵扑杀而来。黄帝命应龙喷水，只见应龙张开巨口，江河般的水流向敌方喷射而出，蚩尤被冲了个人仰马翻。蚩尤又急令风伯雨师掀起狂风暴雨，顷刻间黄帝军中洪水暴涨，波浪滔天。黄帝高呼："吾女何在？"魃立即施行"收云息雨"之法，很快烈日当头，雨消云散。蚩尤被破了法术，大败而逃。黄帝追到冀州，眼看蚩尤就要逃之夭夭，立即命人擂响夔牛鼓。蚩尤一闻鼓声，顿时魂飞魄散而被黄帝擒杀。

《路史》记载，黄帝平定天下后，"始分土建国"，"命风后方割

黄帝祠宇壁画《一统华夏》

万里，画野分疆，得小大之国万区"。《史记》载，其后黄帝又制定了
国家的职官制度，"置左右大监，监于万国……举风后、力牧、常先、
大鸿以治民……有土德之瑞，故号黄帝。"意思是说，黄帝完成统一
大业后，又创立了一个比较完备的政体，用来管理整个国家。他"置
左右大监"，即设置了左右宰相来督察各诸侯部落，任用风后、力
牧、常先、大鸿四位部长级大臣治理百姓。因他的德行有如深厚的
黄土，所以号称"黄帝"。

　　黄帝的第二大功绩，是创造发明、造福百姓。

　　据《史记》记载，黄帝一统华夏后，教百姓"时播百谷草木，淳化鸟兽虫蛾，旁罗日月星辰、水波土石金玉，劳勤心力耳目，节用水火材物"。意思是说，他教百姓按季节播种百谷草木，驯养鸟兽蚕虫；他测定日月星辰运转规律、制定历法，收取土石金玉以供民用；他劳动身心、勤用耳目，有节制地使用水火、木材及各类物品。在他的天才领导下，华夏大地群星璀璨，衣、食、住、行各方面的创造发明如浪潮般涌现。

先说"衣"。

《汉书》记载，"（黄帝）王天下，始垂衣裳，有轩冕之服。上曰衣，下曰裳"。意思是说，黄帝称王天下后，人们才穿上了衣裳，有了车乘和衣帽服装。穿在上身的叫"衣"，穿在下身的叫"裳"。

当时的衣裳是什么样子呢？"衣长及肘，裳长及膝"："衣"的长度刚好遮住手肘；"裳"却不是裤子，而是围在膝盖以上的裙子。当时的人都不穿裤子，穿"袴"，也就是"绔"。《说文解字》："绔，胫衣也。""胫"就是小腿，"胫衣"就是套在左右小腿上的两只裤管，用两根带子吊在腰部以免滑落。膝盖以上的臀部则用"裳"来保暖和遮羞。直到战国时，赵武灵王看到北方游牧民族的服装，国人才开始学习"胡服骑射"，直到汉代，有裆的裤子才在百姓中间流行开来。缙云方言中，至今仍把裤子叫作"胡裤"。

为什么做件"衣裳"这么难？因为当时的制衣材料只有"麻"。"麻"就是苎麻，其皮薄而韧，剖成细丝可以用手捻成线，再织成布。古语所谓"披麻戴孝","麻"即指苎麻织成的布。麻布全是手工制作，产量极低，因此制作一件衣裳就相当于一个大工程。

古人为什么不种植棉花？其实中国早先不产棉花，直到汉代棉花才从巴基斯坦传入新疆，而且始终局限于边疆地区种植。直至13世纪，棉花才经过河西走廊传到黄河流域的陕北一带，距今只有七百多年。

相传，黄帝的正妃嫘祖发现蚕丝可以用来制衣保暖，她因此被奉为"先蚕娘娘"。唐赵蕤《嫘祖圣地碑》语："嫘祖首创种桑养蚕之法，抽丝编绢之术……是以尊为先蚕。"嫘祖在五千年前发明蚕桑，对华夏文明的发展是个很大的促进。

再说"食"。

原始人类获得食物的方法，除了摘取植物果实充饥，就是依靠简单工具打猎，等到一个地方的野兽打光了、果实吃完了，人们就要转移到别的地方去，所以叫"游猎时代"。等到炎帝神农氏发明了谷物播种法，华夏先民才慢慢进入刀耕火种的原始"农耕时代"。

在游猎时代，由于武器落后，人们必须冒着生命危险潜伏在距离野兽很近的地方打猎，假如一击不中，野兽反扑过来，猎手往往来不及逃避而丧命。黄帝一统天下后十分注重生产工具的发明。《世本》载，"挥作弓，牟夷作矢，弧矢之利，以威天下"，意思是说，黄帝手下一个叫"挥"的人发明了弓，一个叫"牟夷"的人发明了箭。

弓箭发明后，猎手可以在安全距离内打猎，万一射不中，还可以转身逃命，即使没有野兽，也可以射击飞禽。可以说，弓箭的发明为古人增加了新的蛋白质来源。

在农耕方面，黄帝时代也有重大发明。《史记》载，黄帝"治五气，艺五种，抚万民，度四方"。意思是说，黄帝深入研究季候变化，发现了农事节气，并培植了五种野生谷物，也就是"五谷"（稻、黍、稷、麦、菽）。粮食品种增加以及按农事节气进行种植后，农业生产获得了突破性进展，粮食产量大幅度提高，为人口的增加提供了最重要的条件。

第三是"住"。

远古时代，人类的住所与禽兽大同小异，不是"穴居"就是"巢居"，穴居即在地下挖洞，巢居即在树上筑巢。穴居虽然进出方便，但低洼潮湿；巢居虽然高级干燥，但上树困难。

为了解决这一问题，黄帝带领部族的能工巧匠进行了不懈的探索。《新语》记载，"天下人民野居穴处，未有室屋，则与禽兽同域。于是黄帝乃伐木构材，筑作宫室，上栋下宇，以避风雨"。《轩辕黄帝传》载，"帝始作屋，筑宫室，以避寒暑燥湿"。意思是说，天下的人民没有房屋，和禽兽一样住在野外，于是黄帝带领人们砍伐树木，构建框架，建造宫室，这些房屋有栋梁、有屋檐，既能遮风避雨，又干燥通风、冬暖夏凉。

五谷、节气、房屋的发明，使得华夏先民过上了定居的生活，彻底改变了过去那种"迁徙往来无常处"的局面。

第四是"行"。

长期定居在一个地方后，人们的生活必需品都要从外地长途运输而来，花费大量人力，如何降低劳动强度、节省人力物力，成为令黄帝头痛的问题。相传有一天黄帝外出巡视，突然遇到一阵强风，头上的草帽被风刮落后，飞速往前旋转滚动。受此启发，黄帝用树枝扎了一个圈，圈中撑上十字架，轻轻一推就滚动起来，就这样发明了轮子。为了让轮子能够载物，他又在轮子中间加轴，轴的两端装上横木和直木，最后铺上木板，车子就这样被制造出来了。《路史》说，黄帝造车"横木为轩，直木为辕，故号曰轩辕氏"。

《轩辕黄帝传》还记载，黄帝又命"有臣胲作，服牛以用之……服牛乘马，引重致远"。意思是说，黄帝又叫手下一个叫胲作的臣子驯养了牛和马，然后驾牛载重，乘马远行。后来黄帝发现，即使有了车，遇到河流仍然一筹莫展。有一天，"帝见浮叶，方为舟，即有共鼓化狄，助作舟楫。所谓刳木为舟，剡木为楫也"。黄帝看到树叶能在水上漂浮，受此启发发明了船，并在臣子共鼓、化狄的协助下削木为桨。

黄帝的第三大功绩，是发明文字、传播文明。

相传黄帝手下有个主管物资的官员叫仓颉，他非常聪明，发明了"结绳记事"，即在绳子上打结以统计数目。时间一长问题又出现了，比如数目增加可以在绳子上多打个结，但数目减少要解个结就麻烦。仓颉又想出了在结上挂个圈、在圈里挂贝壳的方法，用加减贝壳来进行统计。

黄帝见仓颉这样能干，叫他管的事情愈来愈多，部落人口的增减、各部落食物的分配、军事物资的保管、祭祀供品的提供等事务统统叫他负责。仓颉仍用增添绳子、加减贝壳的方法进行管理，但常常出错。

一个大雪天，仓颉坐在屋里，正为一笔糊涂账而心烦意乱，听到门外一阵狗吠。他走到门口一看，只见一条狗在雪地里追逐着几只觅食的鸟，狗留下的是一个个梅花形脚印，鸟留下的却是一个个竹叶形脚印。

仓颉心中一阵惊喜：既然一种脚印代表一种动物，为什么不能用一种符号来表示实物呢？于是，他开始刻画创作日月山川、飞禽走兽等象形文字。《轩辕黄帝传》载，"仓颉之文，即制文字，以代结绳之政，以作书契"。

除此之外，黄帝又命大臣负责各种技术的发明和创造，如羲和、常羲负责观测太阳和月亮，臾区观测行星，伶伦创制律吕，大挠创立甲子，隶首发明算数，容成综合以上六术，制作乐律和律历。黄帝还让伶伦和垂制造乐器磬和钟，史皇作图，雍父造舂和杵臼等等。

　　相传在黄帝的带动下，甚至连他的四位夫人也各有发明：第一位夫人嫘祖发明了蚕桑纺织技术，为人们御寒蔽体带来了福音；第二位夫人方雷氏见鱼刺而发明了骨针，用来缝制衣裳；第三位夫人鱼彤氏在一场山火中发现烧熟的鹿肉更易消化而发明了烹调；第四位夫人就是"天下第一丑女"——体肥如箱、貌黑似漆却品德贤淑、性情温顺的嫫母，她发现了石镜，促进了人们的文明礼仪。传说嫫母容貌甚恶，连鬼怪见到也逃之夭夭，后世的女巫驱鬼时所戴的面具，其参照物据说就是嫫母的形象。

　　综上所述，我们可以说，神农氏开创了原始农耕文明的初级阶段，而黄帝则把这种文明提高到成熟的高级阶段。

　　为什么黄帝时代有这么多的发明创造？

　　首先，粮食品种的增加和农事节气的发现使粮食大幅度增收，这就使得一部分先民有了闲暇时间去进行研究发明。其次，蚕桑和衣裳的发明为人们度过严寒的冬季提供了保障。三是房屋的发明使得先民开始定居下来，而定居是人类积累财富、创造发明的重要前提。四是文字的发明保证了人类知识的不断传承和积累，推动了先民从体能型低级劳动向脑力型高级劳动发展，促使华夏文明进入高速发展的历史时期。

　　总之，黄帝凭借自己伟大的天才和高尚的德行一统华夏，任用贤能治理国家，带领先民建宫室，制衣裳，造舟车，驯牛马，植五谷，务农桑，观天文，定历法，兴医药，辨阴阳，创文字，绘图画，创造了辉煌的远古文明，因此后人尊他为华夏文明的缔造者——"人文始祖"。

《轩辕黄帝传》以这样的文字来形容黄帝时代："是时，庶民甘其食，美其服；乐其俗，安其居……故谓之至理之代！"

[叁]黄帝崩葬地

在《史记·五帝本纪》中，司马迁对黄帝的死只用了寥寥六个字："黄帝崩，葬桥山。"这种惜墨如金的记述，给后人留下了千古难解之谜。以中华之大，"桥山"之众，司马迁所谓"桥山"究属何处？千百年来由于无案可稽，史家往往莫衷一是。

若将历朝历代所记载的"黄帝冢"或"黄帝陵"加以统计，中华大地至少有陕西桥山、甘肃罗川、河南灵宝、河北涿鹿、山东寿丘以及北京平谷这六处。

先说第一处——陕西黄陵的桥山。

《史记集解》引《皇览》称："黄帝冢在上郡桥山。"上郡位于今陕西东部，为秦初三十六郡之一，黄帝冢即在上郡境内的桥山之上。《史记·孝武本纪》中记载了这样一件事："（汉武帝）遂北巡朔方，勒兵十余万，还祭黄帝冢桥山……上曰：'吾闻黄帝不死，今有冢，何也？'或对曰：'黄帝已仙上天，群臣葬其衣冠。'"意思是说，汉武帝北巡朔方之后，率领着十余万军队，返回途中祭黄帝冢于桥山。武帝问："我听说黄帝没有死，这里却有他的墓冢，这是为什么呢？"有臣子回答："黄帝的确已经升仙上天了，这是群臣埋葬黄帝衣冠的坟墓。"

第二处是甘肃的罗川。《史记正义》引《括地志》云，"黄帝陵，在（甘肃）宁州罗川县东八十里子午山"，也就是今天的甘肃正宁县。现存正宁县博物馆的北宋大中祥符二年（1009）所立的"大宋宁州承天观之碑"有"轩丘在望，乃有熊得道之乡"等语。"轩丘"相传就是桥山，民国《正宁县志》载："黄帝陵在县东南湫头镇东北西头村之桥山，当谷一峰耸起，草木葱蔚，上有荒冢，旁立一碑，镌字：黄帝葬衣冠处。"当地传说，此即"汉武帝北巡朔方，勒兵十余万，还祭黄帝冢于桥山"之桥山。

第三处即河南的灵宝。《史记·封禅书》记载："黄帝采首山铜，铸鼎于荆山下。鼎既成，有龙垂胡髯下迎黄帝……"意为黄帝采集首山之铜，在荆山下铸鼎，鼎铸成后，黄帝即在此骑龙升天。后人将黄帝留下的衣帽埋葬于荆山的黄帝岭上，这就是灵宝黄帝衣冠冢的来历。

第四处为河北的涿鹿。据《史记·五帝本纪》记载，黄帝打败炎帝、擒杀蚩尤、一统华夏后，"邑于涿鹿之阿"，也就是在涿鹿的高地上建立了都城，史称"黄帝城"。黄帝城遗址呈长方形，南北长500余米，东西宽400余米，城墙以夯土建成，高度达3—5米。据说城中还可捡到黄帝时代的陶片和石器。在黄帝城附近，还有桥山、黄帝泉、轩辕湖、炎帝营、蚩尤寨、蚩尤坟等遗址遗迹。

第五处是山东的寿丘。皇甫谧（215—282）在《帝王世纪》中说"黄帝生于寿丘"，《轩辕黄帝传》也记载"附宝……怀二十四月，生轩辕于寿丘"。寿丘在哪里呢？《史记正义》说"寿丘在鲁东门之北"，也就是曲阜东门的北面。故宋大中祥符五年（1012），宋真宗改曲阜为仙源县，于寿丘兴建景灵宫，奉祀黄帝。

第六处为北京的平谷。唐代诗人陈子昂游平谷时有《登轩辕台》诗云："北登蓟邱望，求古轩辕台。"李白《北风行》一诗则曰："燕山雪花大如席，片片吹落轩辕台。"明蒋一葵《长安客话》云："世传黄帝陵在渔子山，今平谷县东北十五里。冈阜窿然，形如大冢……其下旧有轩辕庙。"

令人感到奇怪的是，除了中国北方这六处与黄帝有关的陵墓外，在远离黄河流域的长江以南，居然也有一处历史悠久的祭祀黄帝的著名遗址，这究竟是怎么回事呢？

二、黄帝缙云氏

浙江缙云氏，可能是轩辕黄帝南巡时留下的后裔，也可能是缙云氏后裔被打成『不才子』后发配至此。他们在南方这片青山绿水间定居下来后，先祖轩辕黄帝在缙云山中铸鼎炼丹、乘龙升天等传说，也逐渐流传开来。

二、黄帝缙云氏

　　辽阔的中华大地，名山罗列，河流纵横。在这片960万平方千米的土地上，分布着2800多个县、市、区，而各个县、市、区之名称，可谓五花八门，精彩纷呈。比如大者有以"国"为名的，如安国、宁国、兴国；小者有以"店"为名的，如驻马店、瓦房店、普兰店；而以山水田园之类为名者则数不胜数，如金山、白山、黑山，丽水、清水、沁水，青田、玉田、古田……

　　在如此丰富多彩的2800多个地名之中，与中华民族的人文始祖轩辕黄帝有关的县名只有两个——陕西省的黄陵县和浙江省的缙云县，真可谓"千里挑一"！

　　众所周知，陕西"黄陵"之得名，是因其境内桥山坐落着轩辕黄帝的陵寝，而浙江"缙云"又与轩辕黄帝有何渊源呢？

　　据《史记正义》载："黄帝，有熊国君，乃少典国君之次子，号有熊氏，又曰缙云氏……今括州（丽水）缙云县，盖其所封也。" 原来缙云县之"缙云"，就是轩辕黄帝的一个名号。

　　陕西省的黄陵县原名中部县，中华民国政府于1944年改为黄陵县。那么，浙江省的缙云县又是何时所立的呢？

大唐万岁登封元年，也即公元696年。

缙云县行不更名坐不改姓，至今已有一千三百多年的历史！

[壹]缙云山之地貌

为什么这片五千年前中国南方的蛮荒之地，会冠以长期活动在北方黄河流域的轩辕黄帝"缙云氏"之名号？

缙云县位于浙江省中南部，县境之内，巍峨挺秀的括苍山脉自东向北而来，蜿蜒逶迤的好溪自北向南而去。在它的腹地，有一处峰岩奇绝、山水神秀的国家重点风景名胜区——仙都。

仙都原名缙云山，总面积166平方千米，此地峰岩奇绝，山水飘逸，九曲练溪，十里画廊，其间有奇峰一百六、异洞二十七。诗仙李白曾用"缙云川谷难，石门最可观。瀑布挂北斗，莫穷此水端"的诗

缙云仙都（吴品禾 摄）

句来赞美它的雄奇和壮丽。南宋时曾任处州知府、后官至参知政事（副宰相）的范成大，则在其《桂海虞衡志》中说："余生东吴……所至无不登览。其最号奇秀，莫如池之九华，歙之黄山，栝之仙都，温之雁荡，夔之巫峡。"

在这位范知府眼中与黄山、雁荡山、九华山、长江三峡齐名的仙都，其"最号奇秀"的景观是如何形成的呢？

原来，在中生代的最后一纪——白垩纪，浙江东南部发生了大规模的火山喷发活动，其中心地带就在括苍山脉与仙霞岭的交接部——仙都。当时火山喷发的强度极大，而且喷发次数频繁，第一次喷发的熔岩刚刚凝固，二次喷发又接踵而至，从而形成了缙云山千姿百态的火山流纹岩地貌。

大自然的无私馈赠，造就了缙云一系列的地质奇观。千百年来，它就像一处雄奇而神秘的仙境，吸引历朝历代的墨客骚人和达官显贵为之摧眉折腰、挥毫泼墨，留下了数不清的诗词歌赋和摩崖石刻。

轩辕黄帝的故事，就在这个神奇的舞台上拉开了序幕。

[贰]缙云氏之来历

中国姓氏的起源，最早可追溯到原始社会的母系氏族时期。

所谓"姓"者，"女""生"也，中国最古老的姓多带有"女"字偏旁，如上古八大姓——姬、姚、妫、姒、姜、嬴、姞、妘。那么"氏"

呢？刘恕在《通鉴外纪》中说："姓者，统其祖考之所自出；氏者，别其子孙之所自分。"《通志·氏族略》云："三代（夏商周）以前，姓氏分而为二，男子称氏，妊人（女子）称姓。氏所以别贵贱，贵者有氏，贱者有名无氏。姓所以别婚姻，故有同姓异姓庶姓之别。氏同姓不同者，婚姻可通；姓同氏不同者，婚姻不可通。三代之后，姓氏合而为一，皆所以别婚姻，而以地望明贵贱。"

缙云氏作为传说时代的一个氏族，始见于《左传》"文公十八年"："缙云氏有不才子，贪于饮食，冒于货贿，侵欲崇侈，聚敛积实，不恤穷匮，天下之民以比三凶，谓之饕餮。"司马迁据此而将其编入《史记·五帝本纪》："缙云氏有不才子，贪于饮食，冒于货贿，天下谓之饕餮。天下恶之，比之三凶。"汉孔安国亦云："缙云氏之后为诸侯，号饕餮。"这些说法意思相同：缙云氏生了个不成器的孩子，既贪吃又贪财，天下人都叫他"饕餮"。饕餮残暴狠毒、贪得无厌，为告诫世人，古代的青铜器（餐具）上，往往都铸有他的"尊容"。

饕餮是个"不才子"，那么他的父亲缙云氏呢？

《史记集解》引东汉学者贾逵语："缙云氏，姜姓也，炎帝之苗裔，黄帝时缙云之官也。"意思是说，缙云氏姓姜，是炎帝的后代，后来当了黄帝的高官。唐张守节在《史记正义》中说："黄帝为有熊国君，号有熊氏，又曰缙云氏，又曰帝鸿氏，亦曰帝轩氏。"也就是说，缙云氏就是黄帝四个名号中的一个。南宋罗泌《路史》则说："蚩尤天符之神，状类不常，三代彝器（青铜器）多为蚩尤之像，为贪虐者之戒。"意思是说青铜器上所铸的饕餮就是蚩尤，换句话说，缙云氏就是蚩尤的父亲。

一个说缙云氏是炎帝后代，一个说缙云氏为黄帝名号，一个说缙云氏为蚩尤之父，可谓众说纷纭，莫衷一是。但三家之说至少有一个共同点：缙云氏和华夏三大始祖炎帝、黄帝、蚩尤有关。

我们到底应该信谁？是否年代越早可信度越高？

年代最早的贾逵说缙云氏为"炎帝之苗裔"，又担任了"黄帝时缙云之官"，令人疑窦丛生。《史记集解》称："黄帝受命，有云瑞，故以云纪事也。春官为青云，夏官为缙云，秋官为白云，冬官为黑云，中官为黄云。"其中的夏官即为"缙云"。那么夏官究竟是个何等职务？

据《周礼》记载，周代官名仍沿袭黄帝时代的称谓，以"春夏秋冬"为名：春官宗伯，管祭祀礼乐；夏官司马，管行政军事；秋官司寇，管刑法禁令；冬官司空，管工程建设。可见，"夏官"掌管军事、行政，是个位高权重的高官。假如缙云氏真的是炎帝的后代，他对轩辕黄帝这个灭祖仇人应该恨之入骨、不共戴天，而他居然厚颜无耻地当了黄帝的高官，岂非认贼作父、欺师灭祖？而从黄帝方面来看，如此重要的官职，必为十分信任的嫡系氏族成员方可担任，难道黄帝会轻易相信这个最可怕的政治对手的后裔，委以掌管天下军政大权之重任？

因此，贾逵所谓缙云氏为炎帝苗裔之说，难以令人信服。而第三种说法，即缙云氏乃蚩尤他爹，则更加不值一驳。

缙云氏到底何许人也？

正如前文所述，唐张守节在《史记正义》中明确指出："黄帝为有熊国君，号有熊氏，又曰缙云氏，又曰帝鸿氏，亦曰帝轩氏。"也就是说，黄帝部族由有熊氏、缙云氏、帝鸿氏、帝轩氏四支核心氏族构成。正因为缙云氏属于核心嫡系氏族，才被黄帝任命为掌管军政大权的夏官。

由此可见，张守节"黄帝……又曰缙云氏"之说应该最为可信。

[叁]缙云氏之南迁

既然缙云氏是黄帝的一个名号，而黄帝又是中国北方黄河流域的部落联盟首领，为什么"缙云"其名会背井离乡，从富庶的中原地区来到江南山区这块蛮荒之地呢？

有两种说法。

第一种说法，这是一场权力斗争的结果。

《左传》"文公十八年"记载，当时，华夏的最高领袖帝尧已是风烛残年，思维混乱，这段时间，他为一件大事伤透了脑筋：一方面想传位给自己的爱子丹朱，一方面又不愿破坏传统，想禅位给德高望重的虞舜。正在左右为难之际，有几个大臣认为丹朱更有才华，坚决反对禅位给虞舜，他们就是缙云氏不才子饕餮、帝鸿氏不才子浑敦、少皞氏不才子穷奇、颛顼之不才子梼杌。

虞舜得知后愤恨不已，立刻采取行动。首先，他通过自己掌握的宣传部门对其进行妖魔化处理，宣称这四个"不才子"贪婪暴虐；接着，又运用谋略把他们打成罪该万死的"四凶"；最后，他还让帝尧亲自下令，把他们流放到蛮荒边境，"投之四裔，以御魑魅"。

镇压了反对派"四凶"后，虞舜的接班计划果然进展顺利——"是以尧崩而天下如一，同心戴舜，以为天子"。意思是说，尧驾崩后，天下没一个人再敢提反对意见，一致拥护虞舜当了天子。

那么，"投之四裔"的"四裔"在哪里？

《史记集解》说："四裔之地，去王城四千里。"也就是说，"四裔"是分别距离都城四千里的四个蛮荒之地。其中，缙云氏之"不才子"，也就是黄帝部族的一支嫡系后裔，被流放到如今的浙江西南部去抵御蛮族——"魑魅"。他们来到此地后才发现，这是一个奇峰如林、秀水如琴的仙境。于是，这些黄帝的后裔就以"缙云"二字来命名这个新的家园，取名"缙云山"。从此，轩辕黄帝在缙云山鼎湖峰铸鼎炼丹、乘龙升天等传说，也以此为中心流传开来。唐《元和郡县图志》记载："缙云县……万岁登封元年分丽水县东北界、婺州永康县南界置，因山为名。"

这就是浙江省缙云县的来历。

第二种说法，黄帝曾南巡至此，并留下了后裔。

相传，虽然轩辕黄帝通过阪泉之战和涿鹿大战打败了炎帝、擒杀了蚩尤，消灭了这两大军事集团的主力，但其残余部落并未心悦诚服，不断骚扰黄帝的部族。为了消除蚩尤的影响，黄帝一方面加强宣传攻势，对蚩尤进行妖魔化处理，说"蚩"就是"山下一条虫"（故《说文解字》云"蚩，虫也"）；另一方面则如《史记》记载，"天下有不顺者，黄帝从而征之，平者去之，披山通道，未尝宁居"。对那些不肯归顺的残兵败将，黄帝率军进行武力讨伐，平定之后再离开；为追击那些隐藏于山林的反抗者，他命士兵劈山开道，未曾有过一日安宁的生活。

据太史公记载，黄帝"东至于海，登丸山；西至于空桐，登鸡头；南至于江，登熊湘；北逐荤粥，合符釜山，而邑于涿鹿之阿。迁徙往来无常处，以师兵为营卫"。黄帝巡视天下各地，把都城建在涿鹿的环形山坡上，迁徙往来无常处。这里所描述的"南至于江，登熊湘"，应该就是中国历史上前无古人的一次伟大"南巡"。

《湖南通志》云："熊湘者，湖南之熊山、湘山也。"熊山位于安化与新化县交界处，即轩辕黄帝"有熊氏"之"熊"；湘山在湖南长沙、益阳之西。熊、湘二山都在长江和洞庭湖以南，由此可见，黄帝"南至于江"，指的就是长江。黄帝不仅到过长江，而且登上了长江以南的熊、湘二山。

黄帝为什么要跨长江、渡洞庭、登熊湘，进行中国历史上第一次南巡呢？

我们先打开中国地图，看看地处湖南、江西交界的炎陵县。

与黄陵县一样，炎陵县也因葬有炎帝神农氏之陵墓而于1994年由"酃县"改名而来。为什么黄河流域中原地区部落联盟的最高首领，死后要葬于长江以南数百千米的崇山峻岭之中？难道如此辽阔的黄河流域、如此深厚的黄土高原，容不下他显赫一时的躯体吗？

原来，炎帝在阪泉之战失利后，即率部退居长江以南的洞庭湖畔。《路史》称，在这里，炎帝"盖宇于沙，是谓'长沙'"。而黄帝在消灭最强大的对手——蚩尤军事集团——后的心腹大患，就是退守江南的炎帝余部。所谓"卧榻之侧岂容他人鼾睡"，这绝非黄袍加身的赵匡胤之首创，这是任何一个"胸怀天下"的帝王之不二情结。因此，黄帝必须挥师南下，对炎帝发动最后的致命一击，以便唯我独尊，一统华夏。

当炎帝余部探得黄帝南下的消息后，知道波涛汹涌的长江天险和烟

炎帝像

波浩渺的洞庭湖水阻挡不了黄帝大军的步伐，于是他们离开鱼米之乡的洞庭湖畔，继续向南迁徙，准备暂时隐蔽在湖南南部与江西井冈山交界的密林深处。不幸的是，炎帝在迁徙途中身染重病，最后不治而亡，部族只好将其就地掩埋于此。若非如此，我们很难想象其部族会从遥远的中原地区，抬着炎帝日渐腐败的尸体，跨黄河，渡长江，从北到南跋涉千里，将其埋葬于湖南南部荒僻的大山之中。

正因如此，当黄帝率大军"披山通道"，到达炎帝盘踞的长沙附近时，才发现炎帝早已远走高飞。于是，他继续追到熊山和湘山，在没有发现敌军踪迹之后，又马不停蹄往南追击。等他追到湖南南部的罗霄山脉时，终于得知炎帝已死，大患已除，这才彻底放下心来。

当黄帝以胜利者的姿态踌躇满志地班师北归时，其心情应该极为愉悦。所以当他翻过罗霄山脉、往东进入江西并到达浙江南部时，面对迥异于黄土高原的江南秀美山川，他很可能安步当车，陶醉于沿途水秀山清的旖旎风光。

此说并非全然于史无凭。东晋王嘉《拾遗记》载："帝披山通道，未尝宁居。令风后负筹书，伯常荷剑，且出流沙，夕归阴浦，行万里而一息。"意思是说，黄帝令风后、伯常两位大臣一携书、一佩剑，一大早就起来在洹水河畔畅游；游览之余，他们随兴之所至，中午在树荫下观书讨论，傍晚在夕阳下练剑习艺，直到太阳落山才回到阴浦，有时甚至行游万里之远。由此可见，黄帝并非总是作日理万机的最高领袖状，他既有南巡时压倒一切的"革命的现实主义"精神，胜利后更可能产生"革命的浪漫主义"情怀！

也许正是在轻松愉快的凯旋途中，黄帝为了不走回头路，就往东绕了个弯，经过了如今的浙江缙云一带；缙云氏之部分成员因为留恋江南的青山绿水，最后定居于好溪九曲、奇峰插天的缙云山。

晋郭璞《山海经》载："东阳永康县南四里，有石城山，上有小石城。云'黄帝曾游于此'。"南北朝虞荔《鼎录》也记载："金华山（缙云曾属金华地区）黄帝作一鼎，高一丈三尺，大如十石瓮，象龙腾云，百神螭兽满其中，文曰：真金作鼎，百神率服。"更离奇的是，南朝宋郑缉《东阳记》载："三皇时仙姑，相传为轩辕黄帝少女，于仙华山修真上升。"清代传胪（殿试二甲第一名）浦江人戴殿泗《登少女峰》诗云：

> 轩辕一去少女留，玉炉丹杵风飔飔。
>
> 嗣经唐帝画井界，始知此峰落扬州。

在浦江民间传说中，黄帝幼女玄修来仙华山有两种说法：一是随同黄帝南巡而来，最后居留此山修真；二是受黄帝之命前来仙华山教化百姓。因此与永康一县之隔的浦江仙华山，自古以来即建有纪念黄帝之女玄修的庙宇，至今仍香火旺盛，朝拜者如云。

永康、浦江及缙云之北地，古时皆属东阳郡，方圆不过百里，为什么如此狭小之范围，会有如此密集之黄帝传说？

据《道藏》记载，天下的"洞天福地"和黄帝有关者仅有两处。如武则天和唐玄宗的座上常客、那位不肯走"终南捷径"的原天台山著名道士司马承祯的《上清天地宫府图经》，以及唐末道门领袖、《虬髯客传》的作者杜光庭的《洞天福地岳渎名山记》都记载："三十六洞天之二十九，仙都山仙都祈仙洞天，三百里，在处州缙云县，黄帝上升。""七十二福地之七，崆峒山，在夏州，黄帝所到。"也就是说，黄帝到过仙都山和崆峒山。如果说崆峒山已为《史记》"（黄帝）西至于空桐"的记载所证实，那么黄帝到过仙都山，难道就是这些道人的胡编乱造？

浙中南这些令人目眩神迷的有关轩辕黄帝的神奇传说，以及剪不断、理还乱的离奇巧合，如同一个个千古谜题，令人沉醉其间而难以自拔。

总之，浙江之缙云氏，无论是轩辕黄帝南巡时留下的后裔，还是黄帝后裔被打成"不才子"发配到此地，就这样在南方这片水秀山清之处、峰岩奇绝之地定居了下来。

由于远离家乡故土，这些缙云氏对始祖黄帝的怀念与日俱增。忽然有一天，他们惊奇地发现，屹立于溪流之畔的那座冲天孤峰，

鼎湖峰侧影（项一中 摄）

居然与黄帝的容貌惊人地相似。面对屹立于蓝天白云之间的天然雕像，他们五体投地，顶礼膜拜，并将其山命名为"缙云山"。

这大约就是浙江缙云山的来历。

[肆]黄帝乘龙升天

关于黄帝"乘龙升天"之说，在《史记·封禅书》中这样记载："黄帝采首山铜，铸鼎荆山下。鼎既成，有龙垂胡髯下迎黄帝。黄帝上骑，群臣后宫从上者七十余人，龙乃上去。余小臣不得上，乃悉持龙髯。龙髯拔坠，坠黄帝之弓。"意思是说，黄帝采集首山之铜，在荆山下铸鼎。鼎铸成后，有条龙垂着胡须下来迎接黄帝。黄帝骑上龙背后，群臣及后宫追之而上者七十多人，龙才继续上升。其余的小臣上不去，于是大家都抓着龙的胡须。龙须被扯断，臣子纷纷掉了下来，

黄帝升天图（出自清末《绘图蒙学三字经历史图说》）

连黄帝的弓也落到地上。

缙云民间传说中的"黄帝炼丹"、"乘龙升天"等故事,与《史记》中的描述可谓大同小异。缙云古人认为,黄帝之所以要在缙云山炼丹并乘龙升天,主要是因为那根拔地擎天的石柱——鼎湖峰。

相传,黄帝一统天下后开始巡视南方,马不停蹄地登庐山、攀黄山。当他最后行至好溪之畔,眼前出现了一根孤峰耸立、直插云天的石柱,顿时激动不已。

当时的华夏先民正从母系社会进入父系社会,对"男根"(男性生殖器)极为崇拜。人们认为,一个部族的强大,不仅仰仗首领的智慧和勇敢,还需要大量的男性青壮年;要抵御外族的入侵,也必须依靠数量充足的青年男性。

汉字"祖"最早写作"且"。"且"是个象形字,形如男性生殖器。后来"且"加上"示"就成了"祖"。"示"原是"神"的本字,后来演变成偏旁,所以"示"字旁的字往往与"神"有关联,比如"祀"、"祥"、"祝"、"祈"等。

因此,当黄帝看到这根"且"字形石柱时,立即停下了脚步。此时,前方又报告说发现了一个幽深的峡谷。进入峡谷,只见山形如一女子仰身而卧,其间又有一不息之泉泻入清溪,直奔下游,滋养着那根擎天石柱。黄帝大喜过望,立即决定在此安营扎寨,采石柱"男根"之阳,汲石峡"女阴"之泉,炼成丹丸,令男子服之壮阳,女子服之滋阴，阴阳调和，部族人口必将大发。

于是，巨大的铜鼎下燃起了通红的火焰，黄帝君臣将男根石、女阴泉、黄金砂、灵山乳、五色土等放置鼎中，慢慢烧炼。昼夜不熄的炼丹之火熊熊燃烧，映红了溪水，燎红了崖壁，后来人们就把这段溪流叫作"炼溪"，把这块崖壁称为"小赤壁"。

这一年的九月初九，巨鼎之中忽然升起"非红非紫"的烟霞。黄帝掐指一算，刚好已满九九八十一天，丹丸已经炼成。于是，他命人熄火，取出丹丸，分发给臣妃。黄帝刚刚服下丹丸，鼎湖峰上突然飘下朵朵五彩祥云，云开处，一条金光闪耀的神龙摇头摆尾，伏首相迎。黄帝见此，已知天命，遂抬腿跨上了神龙。

众臣民见神龙载着黄帝腾空，无不大惊失色，他们有的抓住龙须，有的抓住黄帝所佩之弓，有的抓住黄帝所穿之鞋，皆欲随之而去。不料，抓龙须的，体重须断；抓弓、鞋的，弓滑鞋落。于是他们纷纷坠地，目瞪口呆地仰望着黄帝乘龙的身影渐升渐高，最后消失于蓝天白云之间。群臣百姓这才齐跪黄土，叩首于地，或手抚龙须而嚎，或怀抱帝弓而哭，或手捧帝鞋而泣……

后来，人们就将这座"黄帝乘龙升天"之山称为"缙云山"，把黄帝乘龙时鞋子掉落而砸出的大坑叫作"黄履塘"。

尽管司马迁之说与缙云民间传说如出一辙，轩辕黄帝的最终归宿都是"乘龙升天"，但两者最大的区别在于，民间传说中黄帝乘龙之前所做的工作是炼丹，而《史记》中他老人家最后的工作是铸鼎。

　　细心推究起来，铸鼎与炼丹确有不同目的：铸鼎的目的是巩固政权，而炼丹的目的却是养生延年。

　　"鼎"是个象形字，上有腹而下有足，其本义是古代烹煮所用之器物。许慎在《说文》中说："鼎，三足两耳，和五味之宝器也。"《淮南子·说山训》云："尝一脔肉，知一镬之味。"而"鼎"与"镬"的区别在于，"有足曰鼎，无足曰镬"。

　　其实，中国古代最重要的青铜器，如鼎、簋、盂、簠、敦、豆、卣、尊等等，都是餐具或酒具。在古代，老百姓一日三餐难以为继，而帝王却享受着锦衣玉食、钟鸣鼎食的生活，使用成套的昂贵的青铜餐具。《公羊传》何休注："天子九鼎，诸侯七，大夫五，元士三。"可见周代就有按等级使用不同数量的鼎来烹煮食物的规定。所以，鼎的第一用途是餐具，它代表着等级、身份、地位与特权。

　　鼎的第二个用途，是作为杀人的刑具。根据典籍记载，周文王被纣王囚禁后，他的儿子伯邑考在殷商为纣王当车夫、做人质。后来，残暴的纣王把他放在鼎中"烹为羹"，再赐给周文王。周文王强忍悲痛吃了这碗肉羹，纣王得意扬扬地说："西伯昌（文王）连自己儿子的肉做成的羹都吃，这样的人称得上是圣人吗？"这是古代以鼎烹人的最早记载，后来就把用鼎或镬烹煮人犯的酷刑叫作"鼎镬"。

鼎的第三个用途是祭祀。古代帝王祭祀社稷和祖先，其祭品必须用"太牢"，也即牛、羊、豕三牲。据《本草纲目》，"牢"就是关牲畜的厩房，牛牢大，故称大牢，羊牢小，故称少牢。无论是大牢还是少牢，当作祭品时必须整只煮熟，因此只能用鼎来烹煮。后来，鼎逐渐上升为祭祀天帝和祖先的礼器。

传说到了夏朝，禹曾收"九牧之金（铜）"，铸"九鼎"以象征九州。从此，鼎又成为国家的象征。

黄帝时代正是从新石器向青铜器的过渡时期，根据司马迁对"鼎"的理解，他所称的黄帝"采首山铜"、"铸鼎荆山"的真实含义，应该是指打造政权或巩固政权。

轩辕黄帝炼丹之说，则指明了黄帝的目的是养生。丹者，道家炼制之药丸也。晋葛洪《抱朴子·金丹》云："九转之丹服之三日得仙。"这就说明黄帝在此山炼丹的目的就是研究养生之法，探索益寿延年的自然规律。

道家的炼丹术分内外两种。"内丹术"以人之躯体为丹炉，故称"内丹"，即纳外气、养内气，炼精化气、炼气化神，炼神还虚、炼虚合道，即所谓"气沉丹田"之气功。"外丹术"则以鼎为炉，烧炼矿物、植物而制成丹药，用来养生健体，以达到调理阴阳、益寿延年的目的。正是这种外丹术，开启了中国古代的化学、物理科学之门。

轩辕黄帝在缙云山所炼者究为何"丹"？从《黄帝内经》"不治

已病治未病"的理论来看，黄帝在缙云山所炼之丹，应该就是养生长寿的丹丸。

铸鼎是为了显示黄帝的雄才大略和丰功伟绩，炼丹则是黄帝养生延年的行为，两者之分野在此。

"乘龙说"作为民间传说似乎情有可原，为什么像司马迁这样一位伟大的史学家，对如此荒诞不经之说，居然也会予以采信，将其载入《史记》呢？

在人类发明文字以前的上古时代，各个部落的历史都只能依靠口口相传的方式来保存，故称之为"传说时代"。轩辕黄帝即是传说时代的伟大人物。在他的天才领导下，中原大地群星璀璨，谋士如云，良臣如雨，衣、食、住、行各方面的发明如雨后春笋般涌现。拥有英雄祖先的民族是自豪的，英雄不仅能启发整个民族的心智，而且能激励后辈成为新的英雄。故而人们总是以最崇高的敬意、最神奇的色彩来描绘和塑造英雄的祖先。因此，传说时代往往也被称作"英雄时代"。

黄帝"乘龙升天"之说，就是英雄时代的产物，它体现的是华夏先民对祖先的最崇高敬仰。在21世纪的今天，人们不是仍常用"驾鹤西归"来暗喻尊长的谢世吗？因此，以五千年前华夏先民的科学认知水平，将最伟大首领之死说成"乘龙升天"，窃以为并不为过。至于司马迁所说"黄帝上骑，群臣后宫从上者七十余人，龙乃上去"的历史真实性，笔者怀疑，这批人数众多的官员和妃子随黄帝同骑一龙，也许就是他们为黄帝殉葬的委婉说法。殉葬分自杀和他杀两种，自杀殉葬者，往往把追随已逝者作为自己毕生的荣耀。

此言并非空穴来风，哗众取宠。据史料推算，黄帝时代距今约五千年；而据考古发掘，距今近五千年的黄河中下游龙山文化时期，就有"人殉"习俗。甲骨文记载的以人作祭（殉）的信息计1992条，人殉13052个。直至明英宗正统年间，才正式废除了人殉传统。那些因帝王之死而殉葬的臣妃，皆美其名曰"随龙驭上宾"。

此外，黄帝乘龙时所坠之"弓"，是否为人们特意留作纪念的黄帝遗物？所谓"龙髯"，是否就是黄帝本人的胡须？也许在黄帝下葬前，臣子为寄托哀思而从"龙体"上割下"龙髯"予以保存，以期他的英魂能永远护佑族人。

在其后的两千多年中，黄帝驾崩之事越传越神，等到司马迁采风时，他所听到的就是黄帝"乘龙升天"、"龙须拔坠"、"化之为草"的故事了。在缺乏其他可采信资料的情况下，司马迁只能将这些传说忠实地记录下来，最后收录于《史记》之中。

也许这就是"黄帝乘龙升天"的真相？

三、黄帝祠的由来

缙云祭祀轩辕黄帝的历史，至少可追溯到晋代，东晋年间，鼎湖峰下就建有『缙云堂』。唐代，玄宗赐建『黄帝祠宇』，宋代扩建为『玉虚宫』，元、明两代屡毁屡建，直至清末倒塌。1998年，政府顺应民意，重建了『黄帝祠宇』。

三、黄帝祠的由来

从轩辕黄帝逝世的那一天开始，直到21世纪的今天，中华儿女对黄帝的祭祀从未间断。为了纪念这位居功至伟的先祖，上至远古时代的统治者，下至天南海北的老百姓，无不对他顶礼膜拜，创设出最隆重的礼仪来祭祀这位中华文明最伟大的开创者。

轩辕黄帝辞世后，华夏先民就在中国北方的黄土高原建起了黄帝的陵寝，有的则以其雕像或遗物建造各种用来祭祀的庙宇。《竹书纪年》载："黄帝既仙去，其臣有左彻者，削木为黄帝之像，帅诸侯朝奉之。"《大戴礼记·五帝德》记载，宰我问孔子："昔者予闻诸荣伊令，言黄帝三百年。请问黄帝者，人邪，抑非人邪？何以至于三百年乎？"意思是说："以前我听荣伊说，黄帝活了三百年。请问黄帝是不是人呢？怎么可能活三百年呢？"孔子回答说："生而民得其利百年，死而民畏其神百年，亡而民用其教百年，故曰三百年。"

"生而得其利"、"死而畏其神"、"亡而用其教"，可见人们对轩辕黄帝是多么崇拜。他们好像并不在乎黄帝在位、退位或是辞世，一如既往地对这位人文始祖无限景仰、无限崇拜。

[壹]缙云山和缙云堂

与黄土高原的其他黄帝氏族相比，身处长江以南缙云山中的黄帝后裔缙云氏对先祖的崇拜和祭祀亦毫不逊色。为了祈求这位伟大先祖的保佑，他们在缙云山中建造了专门用来祭祀黄帝的缙云堂。从此，在远离中原的江南，第一次出现了祭拜轩辕黄帝的建筑物。

随着时间的推移，黄河流域开始了周而复始的王朝兴替，在战乱频仍、民生凋敝之中，人们对黄帝的祭祀不可避免地出现了时盛时衰、时续时断的现象。

此时中国南方的长江中下游一带，却处于"天高皇帝远，地偏官不管"的平静发展期。当有人发现浙南山区居然有一座以黄帝之号"缙云氏"命名的圣祖之山以及祭拜黄帝的缙云堂后，名人和方士接踵而至，诸如东汉仙人王方平、徐来勒，开创丹鼎派的左慈、太极仙翁葛玄、炼丹家葛洪、陶弘景等人纷纷入缙云山朝拜。在这片与世隔绝的世外桃源，他们吟诗作赋，炼丹养生。

随着西晋末年的"永嘉之乱"，晋元帝于公元317年在建康（今南京）建立了东晋政权，中国的政治文化中心转移至长江以南。此举不仅为江南带来了大量人口和先进生产技术，"衣冠南渡"的名门望族和官僚世族更为南方带来了深厚的中原文化。在江浙一带，这些士大夫以及世家子弟刚刚安定下来，便立即恢复了原有的做派，或寄情山水，偏安一隅；或结庐深山，消极避祸。

　　尽管南方的秀美山川比北方的黄土高原更适合人居，但皇权没落、奸臣乱政、盗贼蜂起、民不聊生的局面，在这些有着传统封建理想的士大夫看来，与《史记》所载"神农氏衰，诸侯相侵伐，暴虐百姓"的上古乱世几无二致。因此，他们强烈地渴望华夏大地再出现一位像轩辕黄帝那样富有威权、强势有力的人物，以便收拾旧河山，恢复大一统的太平盛世。他们蠢蠢欲动，总想回到北方的帝陵或帝庙去祭祀这位伟大的始祖。然而，相隔千里的北方遍地烽烟，哪里容得下他们翩翩起舞、祭拜始祖的身影？

　　有一天，一个叫刘澄之的南朝文士发现了缙云山的秘密，他兴奋地在《山川古今记》中写道："永康县有缙云堂，黄帝炼丹处……晋成帝作。"不仅指出缙云堂的地点在"黄帝炼丹处"，而且点明了它的建造者——晋成帝，建造时间也就大致可以推断是晋成帝在位期间，即公元325年至342年之间。刘澄之为何不说"缙云有缙云堂"，而要说"永康有缙云堂"？盖因当时缙云尚未立县，其北部属东阳郡之永康县，南部则属永嘉郡之松阳县。

　　其后，南朝梁著名道士陶弘景也在《真诰》中说："括苍山，又曰括苍山洞……有缙云堂，孤峰耸峙，岩岭深杰，特冠群山。"宋佚名氏《轩辕黄帝传》也载："黄帝往，炼石于缙云堂。于地炼丹，时有非红非紫之云见，是曰缙云，因名缙云山。""或云：帝炼金丹有缙云之瑞，自号缙云氏。"

种种传说及上述文字证明，缙云堂的存在可谓确凿无疑，且这座建筑并非普通的民居，否则此类记载纯属浪费笔墨，没有任何意义。

我们先从字面上来解读"缙云堂"。

"缙云"者，"黄帝又曰缙云氏"之缙云也。"堂"，从"土"、从"尚"，"土"者，黄帝有土德之瑞也，"尚"亦"上"也。许慎《说文解字》："堂，殿也。"段玉裁注："古曰堂，汉以后曰殿。"换句话说，在古代，"堂"和"殿"是一回事，到汉代才开始分野。如果缙云堂是建于汉代及以后，那么必称"缙云殿"，既然到了晋成帝时期仍称缙云堂，可见其初建时间必然是在汉代之前。而所谓"晋成帝作"，也许是晋成帝对其进行过重修或重建罢了。

在缙云民间，"堂"与"殿"是有严格区分的。"堂"用来祭祖，"殿"用来祭神，祖佑族人，神驱鬼怪，二者绝不会混淆。因此，缙云乡村的村口都建有"本保殿"，借助各类神灵把鬼怪阻挡于村外；祭祀祖先的"祠堂"则都建于村内。

"祠"字从"示"、从"司"，"示"指"先祖神灵"，"司"的本义为"世代专司某事"，"示"与"司"结合，即为"专门祭祀先祖"。《诗经·小雅·天保》："禴祠烝尝。"《毛传》注："春曰祠，夏曰禴，秋曰尝，冬曰烝。"《说文解字》："春祭曰祠，品物少，多文词也。"从这些文字中，我们可以看出古人对先祖有多么崇敬，他们在每一个季节都要举行祭祀，而且名称各不相同：春祭称"祠"，夏祭称"禴"，秋祭称"尝"，冬祭称"烝"，而春季的祭祀祭品较少、祭文较长。

后来，"祠"的字义引申为"祭祀"，"祠堂"也就成了家族祭祀祖先的建筑。而"祠堂"之"堂"字，就是沿袭了汉朝之前的称谓。在祠堂上厅的正中，一般都挂有匾额，上书其姓之堂号，如陈氏堂号德聚堂，林氏堂号崇本堂，黄氏堂号种德堂，柯氏堂号瑞鹊堂。大部分姓氏有多个堂号，如朱氏堂号有白鹿堂、紫阳堂、丹阳堂、钱塘堂等，赵氏堂号有半部堂、鹤琴堂、明德堂、积善堂等。各个姓氏的堂号，往往源于历史上的经典故事，如项氏堂号"圣师堂"源自孔子曾经拜七岁神童项橐为师，孟氏堂号三迁堂源自"孟母三迁"，王氏堂号三槐堂源自其先祖植三槐而出"三公"。

缙云氏在缙云山建造缙云堂的原因何在？正如前文所述，一个从遥远的北方迁徙而来的氏族突然定居于此，必然与当地土著发生冲突；为求生存，就必须设立一个神圣的偶像，以增强本族的凝聚力和向心力。祭拜这个神圣的偶像、求得他的保佑，不仅可在精神上振奋族人的勇气，亦可震慑当地土著，对其进行引导和同化。

综上所述，缙云堂就是供奉、祭祀轩辕黄帝的建筑，其始建者，即黄帝缙云氏的后代，或称"缙云氏不才子"的后代。缙云堂，无疑是中国南方祭祀黄帝的最早建筑物。

刘宋永初三年（422），开创中国山水诗派的"康乐侯"谢灵运被贬，出任永嘉太守。其时浙南的温州、丽水均为永嘉郡属地，作为父母官，谢灵运数度游览缙云，并留下了"康乐岩"、"谢公岩"、"谢公庙"等地名，李白亦有"缙云川谷难，石门最可观……路创李北海，岩开谢康乐"之句。谢灵运还在其《游名山志》中写道："缙云山旁有孤石，屹然干云，高二百丈，三面临水，顶有湖，生莲花……古老云：黄帝尝炼丹于此。"连一千六百多年前的谢灵运都说"古老云"，可见缙云山黄帝炼丹之传说，其历史究竟有多远。

正是由于像谢灵运那样才高八斗的文人雅士的名人效应，黄帝在缙云山炼丹、乘龙升天等传说才广为天下所知。于是，那些因南北分裂而背井离乡的落魄士大夫终于在南方找到了他们新的精神家园——缙云山。

从此，一大帮著名的求仙道士如陆修静、孙游岳、陶弘景等纷至沓来，他们先后入山朝拜，祈求黄帝这位人文始祖保佑天下太平，恢复华夏一统。正是在东晋及南朝的历代"政治精英"、"文化精英"和"宗教精英"的推崇下，缙云山闻名于中华大地，成为南方的黄帝祭祀中心和道教活动中心。

[贰]北陵南祠的形成

魏晋南北朝之后，天下大势趋于融合，那些长期流落南方、以"祭始祖，出明君"为己任的名门望族、没落士族终于获得了丰厚的回报：久经战乱、南北分裂的中华大地迎来了历史上第二个"黄金时代"——大唐盛世。

在这一时期，道教作为中国土生土长的宗教进入了它的全盛期。它尊黄帝为始祖、拜老子为道祖、以张道陵为教祖，在唐初被列为儒、释、道三教之首，而那些著名道士则常被皇帝召入宫廷，讲道说法，发表政见。

李唐王朝为何对道教如此重视？原因有三：一是道教的斋醮法事可为王朝祈福禳灾，保佑天下永享太平；二是道教炼丹养生之术可以满足帝王长生不老的愿望；三是道家清静寡欲、与世无争的思想可以"维稳"。然而，仅此三者可谓"万金油"式国策，对任何一个封建王朝都适用，李唐王朝的崇道必有其特殊原因。

原来，李唐统治者尽管君明臣贤，但由于长期受魏晋门阀制度影响，他们竟以出身北朝之鲜卑军户、并非正宗汉族名门为耻。为证明其出身高贵以争取汉族贵族的支持、巩固其统治地位，唐武德三年（620），高祖李渊认老子李耳为始祖，以老子庙为太庙。既然李氏皇族攀附老子为"圣祖"，而老子又身为道教之"道祖"，道教自然就成了李唐王朝的"国教"。被尊为道教"始祖"的轩辕黄帝，也因此受到李唐王朝的特别尊崇。

公元626年，唐太宗李世民即位，他对黄帝的祭祀尤为重视。据《旧唐书·礼仪志》记载，每岁"夏季土王日，祀黄帝于南郊，帝轩辕，配后土"。到了乾封元年（666），唐高宗尊老子为"太上玄元皇帝"，后又下诏以《道德经》作为科举考试的科目之一。玄宗即位后，尊老子为"万教之祖"，称《道德经》为"百家之首"，并亲自加以注疏而成《御注道德经》。

公元695年，武则天前往嵩山封禅。《资治通鉴》载："（天册万岁）腊月甲申，封神岳，赦天下，改元万岁登封，天下百姓无出今年租税，大酺九日。丁亥，禅少室。"也就是说，武则天率领着文武百官"封"神岳嵩山，并大赦天下，改年号为"万岁登封"，免除天下百姓本年度的租税，并特赐臣民聚会欢宴九天；到了丁亥日，她再次率众"禅"少室山。下山后，极度兴奋的武则天把嵩阳县改名为登封县，把阳城县改名为告成县，意为"登封告成"。封禅虽然求得了天神、地神的保佑，但武则天觉得还需要得到人神的护佑。这个人神是谁呢？就是"人文始祖"轩辕黄帝。

其时，南方缙云堂的黄帝祭祀活动影响越来越大，与缙云山一县之隔的天台山玉霄峰著名道士、"白云子"司马承祯，就曾到缙云堂朝拜道教始祖轩辕黄帝，并在缙云的白云山、白云洞弘道。后来司马承祯被武则天召进宫，成了皇帝的座上宾，经他对缙云山的大力渲染，武则天对此处有了深刻印象。于是朝廷命官按武则天的旨意，以缙云山为核心，析永康之南、丽水（今丽水莲都）之北立一新县，即为缙云县。

北宋《太平御览》载："太初三年（前102），东方朔从西那国还汉，得声风木……缙云封禅之时，许贡其木为车辇之用。"尽管我们无法考证缙云山于何年"封禅"，但在"万岁登封"这一年，大唐帝国一南一北确有三县被封，北方二县皆因武则天封禅而易名，江南新立之缙云县则源于黄帝祭典。这究竟是历史的必然还是历史的偶然，不得而知。

缙云立县后，令其名闻天下者，是一个千古之谜。

据元代至正戊子年（1348）陈性定所撰《仙都志》载："《图经》云：'唐天宝七年（748）六月八日，有彩云起于李溪源，覆绕缙云山独峰之顶，云中仙乐响亮，鸾鹤飞舞，俄闻山呼万岁者九，诸山皆应，自申至亥乃息。'"也就是说，从下午三点到晚上十一点，仙乐才止息！中国历史上曾出现过不计其数的"嘉禾"、"奇兽"之类的祥瑞之物，但鲜有可闻其声的"仙乐"及"山呼万岁"的祥瑞之音。处州刺史兴奋不已，以为此乃国之大事，于是立即上奏朝廷。《仙都志》记载："以独峰彩云仙乐之瑞，刺史苗奉倩奏闻。"

真是"此曲只应天上有，人间能得几回闻"。唐玄宗听了苗奉倩的汇报后认为，从彩云仙乐、鸾鹤飞舞、山呼万岁的异象来看，一定是乘龙升天的轩辕黄帝重游缙云山，众仙齐聚迎接而"山呼万岁"。轩辕黄帝亲自下凡游玩，这岂非是对太平盛世的最高首肯？唐玄宗喜不自胜，叹之曰："真乃仙人荟萃之都也！"遂"敕封仙都山，周围

唐玄宗

三百里禁樵采捕猎，建黄帝祠宇，岁度道士七人，以奉香火"。换句话说，唐玄宗立即下发了三道指示：一，敕改"缙云山"为"仙都山"；二，仙都山三百里范围内严禁砍柴、采摘、捕猎；三，建黄帝祠宇，每年招收七名道士，奉祭香火。尽管其第三道指示"黄帝祠宇"由道士"奉香火"，说明唐玄宗是把轩辕黄帝作为道教始祖来祭祀的，但这一最高指示无疑为黄帝祭祀活动从民间走向官方铺平了道路，扩大了影响。

在唐玄宗金口玉言的推动下，缙云山"彩云仙乐"、"山呼万岁"、敕改"仙都"、"建黄帝祠宇"等突发性新闻很快传遍了大唐帝国的每个角落。随着唐玄宗最高指示的逐项落实，由缙云堂扩建而成的黄帝祠宇巍峨庄严、金碧辉煌，道士每日晨钟暮鼓，早朝晚祷，每年的清明、重阳，则举行"春秋二祭"。每逢祭典之日，缙云各地百姓纷纷扶老携幼，手提肩挑各种供品前来祭祀。一时之间，仙都山中，旌旗招展；好溪之畔，锣鼓喧天；鼎湖峰下，龙腾狮舞；黄帝祠前，万众祭拜……

当其时也，中国的轩辕黄帝祭祀大典，北方有陕西黄帝陵，南方有浙江黄帝祠，史称"北陵南祠"。

唐长庆二年（822），白居易由中书舍人出任杭州刺史，在此期间曾游历仙都，并留下了一首绝句：

> 黄帝旌幢去不回，片云孤石独崔嵬。
>
> 有时风激鼎湖浪，散作晴天雨点来。

[叁]黄帝祠和玉虚宫

在经历了唐末五代近六十年的混战后，公元960年，赵匡胤黄

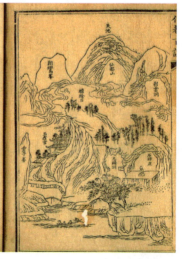

《仙都百咏图谱》

袍加身，定国号为宋，大一统的封建王朝再次建立。

纵观宋朝三百余年历史，从头到尾以重文、轻武、崇道为国策。究其原因，皆由唐亡后的五代时期天下战乱不止，统治者为了安定社会、巩固政权，极力推崇"黄老之道"，使得道家思想在社会上大行其道。尤其是在统治阶级内部，包括宋太宗本人，以及吕端、吕蒙正、李琪、李昉等朝中重臣，无不是黄老道家思想的信奉者和推广者。

到了宋真宗景德元年（1004），一件大事的发生导致赵宋皇室直接尊奉轩辕黄帝为赵氏始祖。是年，辽萧太后与辽圣宗亲率大军南下，深入宋境。在宰相寇準等人的鼓舞下，宋真宗御驾亲征，由此见识到了辽兵铁骑的兵强马壮；澶渊一战，更使得真宗相信只有道教神仙才能保佑赵宋王朝。《宋史·本纪第七》载："大中祥符元年（1008）春正月乙丑，有黄帛曳左承天门南鸱尾上，守门卒涂荣，告有司以闻。上召群臣拜迎于朝元殿启封，号称天书。"从天而降的"天书祥符"飞抵人间，宋真宗兴奋莫名，立即改元"大中祥符"，并尊黄帝为赵氏始祖，封老子为"混元上德皇帝"，随后开始大规模祭祀黄帝和封禅。

天禧四年（1020），宋真宗派大臣到仙都祭拜黄帝，求其保佑天下太平。《仙都志》载："金龙洞，在步虚山东，中有二洞相连，通明开敞。《旧志》云：洞深不可测，道家谓洞天即此也。宋天禧四年投金龙玉简于其中。"

　　所谓"金龙玉简"，其实就是祈求黄帝及众仙保佑天下太平、君王龙体安康的信件。此事最大的难点在于，这些信件投递到什么地方，才能让黄帝及众仙及时收悉？从《仙都志》的记载我们得知，朝廷很快就想出了办法，那就是把这些信件投放到"黄帝炼丹、乘龙升天"之类的仙山洞府中。

　　宋人周辉在《清波杂志·洞府投简》中记载："初，朝廷以每岁投龙简，而洞府多在僻远处，其赍送祭醮之具，颇以为扰。天圣间，下道录院定，岁投龙简凡二十处。"也就是说，神仙们都生活在人迹罕至、云雾缭绕的仙山琼阁，祭祀礼器都要从京城运送过去，非常麻烦。到了宋仁宗天圣年间（1023—1031），朝廷给鸿胪寺专门管理宫观道教事务和祭典礼仪的道录院下达指示，每年投放金龙玉简的指标为二十处。

　　北宋范镇则在《东斋记事》中记载："道家有金龙、玉简，学士院撰文，具一岁中斋醮，投于名山洞府。金龙以铜制，玉简以阶石制。"也就是说，铜制的金龙、石制的玉简，其文字由"学士院撰文"，进行祭祀礼仪后，投于"名山洞府"。何谓"斋醮"？"斋"者，斋戒也，即在祭祀前必须沐浴更衣，不食荤酒，不居内寝，以示庄诚。"醮"，指的是程式、礼仪，有祈福谢恩、祝庆迎祥、解厄禳灾等不同类型，建醮必先以土筑台，然后设坛、摆供、焚香、进表、赞颂。进表和赞颂是指将表文（祭文）上奏给黄帝和仙人，赞颂结束后将表文焚化，称为"化表"，以期送达神仙尊前，消灾赐福。表文也称青词，宋太宗和真宗、徽宗都曾写过《步虚辞》、《白鹤赞》、《太清乐》等表文。

尽管元《仙都志》有着朝廷于宋天禧四年在金龙洞投金龙玉简的明确记载，然而这真的可信吗？假如没有一个偶然事件的发生，可能永远也不会有人知道这一记载的真伪。

1997年7月，仙都田村的几个小伙子到金龙洞游玩，无意间在一个狭窄石缝中摸到了一"金龙"、二"玉简"、一金片，后因分配不均引起纠纷，导致此事泄露。派出所民警前去收缴时发现，"金龙"确如《东斋记事》所称"以铜制"，但"玉简"却并非"以阶石制"，而是木制，一为朱书木简，一为墨书木简。木简虽已霉烂，但其残存部分依然字迹清晰，惜乎难以通读，可见木简并非普通木料所制。金龙木简今藏缙云县博物馆。根据楼钥《北行日录》记载，北宋宣和年间（1119—1125），朝廷再次往金龙洞投放了"金龙"。

历经千年之金龙木简的出土，充分证明了《仙都志》的可信度。

由于仙都作为"天下三十六洞天"之一的地位越来越突出，影响也越来越大，宋治平乙巳年（1065），英宗下诏，以黄帝祠宇为核心进行扩建，并赐名"玉虚宫"。扩建后的玉虚宫建筑群规模更加宏大，对轩辕黄帝的祭祀也更为隆重。

宣和庚子年（1120），方腊农民起义军攻占了缙云，他们沿好溪而上，几乎把沿线村庄全部焚毁，好溪之畔的玉虚宫也成为一片废墟。然而，仅仅在数年后，一座崭新的玉虚宫重新屹立于仙都的苍龙峡中。《仙都志》载："宣和庚子毁于寇，道士游大成乃即旧基，再谋营造。"

后来，人们发现游大成重建玉虚宫时将其方位改成"东坐西向"，一些堪舆阴阳家认为，玉虚宫改变朝向后，面向之山有石虎高踞，虎视眈眈，与轩辕黄帝相冲，因此坚决要求推倒重建。处州郡守安刘接到报告后十分重视，但玉虚宫乃朝廷敕建的国家级宫观，区区郡守岂敢擅自做主？他遂于"景定庚申"（1260）专程赴京城临安（今杭州），向宋理宗请示。经朝廷审查批准后，安刘"取朝旨，命道士陈观定"按方腊焚宫前的方位、朝向，再次重建了金碧辉煌的玉虚宫。

那么，黄帝祠宇扩建为玉虚宫并由道士祀奉香火后，仙都的轩辕黄帝是否变为神圣的道教始祖，彻底失去"人文始祖"的身份了呢？

在仙都的"小赤壁"景点，有摩崖石刻这样记载：

小蓬莱歌　仙都洞天，秀出东浙，有黄帝祠宇，近年始祠孔子。岁中春，邑令合僚佐帅诸生行舍采礼。先过初旸谷，已乃瞻独峰挹仙水，泛蓬莱而归。余邑三载，心甚乐之。去之日，为歌以诏邑人，使刊之石上。仙之山兮嵬峨，仙之水兮委佗。驾轻车兮消忧，方扁舟

兮永歌。……大宋咸淳元年岁在乙丑八月朔日　永嘉王埴

王埴乃永嘉（今温州）人，时任缙云县令。他于咸淳元年（1265）八月初一在小赤壁刻《小蓬莱歌》，提到仙都有黄帝祠宇，近年开始祭祀孔子；这年的春季，他和下属一起带领着本县生员（秀才），到祠宇中行祭祀之礼。

从中我们发现了一个奇特的现象，那就是在南宋咸淳元年之前，缙云人就开始在黄帝祠宇里祭祀孔子，可见当时的部分缙云人（包括县令、秀才在内）是把轩辕黄帝作为"人文始祖"来祭祀的。否则一个敕建的道教圣地，怎么可能把"道不同不相与谋"的儒教"大成至圣先师"也请入祠宇，让孔子和道教始祖促膝而坐，并排接受地方官员和生员们的礼拜祭祀？

当南宋王朝最终被横扫千军如卷席的蒙古铁骑所征服，中国的历史进入由"马背上的民族"统治的时代，地处江南的黄帝祠宇又是何种命运呢？

据《元史·祭祀志》载，元成宗于元贞元年（1295）初"命郡县通祀三皇，如宣圣释奠礼。太昊伏羲氏以勾芒氏之神配，炎帝神农氏以祝融氏之神配，轩辕黄帝氏以风后氏、力牧氏之神配"。也就是说，元成宗不仅下旨各个郡县通祀中国历史上的"三皇"，即伏羲氏、神农氏、轩辕氏，而且亲自规定在轩辕黄帝神像两侧配以传说

中他的两个得力大臣风后和力牧，共同享受人们的祭祀，可见元代
统治者对华夏始祖祭祀礼仪之重视。

　　然而由于长期战乱，南方的玉虚宫此时早已千疮百孔。元朝翰
林学士兼国子祭酒虞集曾经这样写道："（玉虚宫）内附国朝主宫
事者，四方之人皆得为之，而宫日废。"也就是说，只要有靠山、有关
系，无论什么人都可以成为玉虚宫的主事，从而导致宫中香火零落，
屋宇荒废。直到延祐元年（1314），道士赵嗣祺"钦奉圣旨，主领宫

道士

事，始重新之"，"三年，刻铜印授之，视五品"。请注意"钦奉圣旨，主领宫事"这八个字。为求轩辕黄帝保佑其皇基永固，元仁宗登基不久就颁发圣旨，亲自任命道士赵嗣祺为玉虚宫主管，对日渐衰败的玉虚宫进行改造扩建。三年后，朝廷对赵嗣祺的功绩非常满意，破天荒地授予他一枚视同五品官职的铜印。

一介玉虚宫主管，其官位品级居然比缙云县太爷（七品）还高两级，此中透露出元代统治者对轩辕黄帝的尊崇达到了何等程度。难怪元代著名书法家、魏国公赵孟頫前来朝拜轩辕黄帝时，恭恭敬敬地为之题写了"仙都山门"和"风雨堂"两块匾额。至顺二年（1331），元代另一位书法家、国子祭酒虞集前来朝拜黄帝时，不仅题写了"金莲馆"匾额，还为重修玉虚宫的盛事撰写了《仙都山新作玉虚宫碑》。

据《仙都志》记载，此时的玉虚宫建筑群罗列着一系列富丽堂皇的殿宇：

金阙廖阳宝殿，郡人叶嗣昌书额；黄帝祠宇，唐缙云县令李阳冰篆额；飞天法轮藏殿，宋乾道己卯道士李伯祥创立法轮，规模宏美，郡人陈沂书匾；天一真庆行宫；三元三官圣堂；梓潼帝君行祠；洞天仙官祠；玉虚真官祠；衍教堂，郡人何传书匾；隐真堂，韩永锡书匾，吴俊尝留题，今奉钟吕诸仙像，方丈匾曰，天开图画，文公五代孙朱煌九岁书；风雨堂，吴兴赵孟𫖯书匾；金莲馆，蜀郡虞集书匾；玉虚宫门，东阳赵霆篆额；祈仙洞天门，邑人潜说友篆额；仙都山门，赵孟𫖯书额；片云亭，取乐天"片云孤石"之咏为名；回澜亭，在金华潭上，郡人何宗姚书匾；仙都蜕轩；竞秀轩；撷芳轩；练玉轩；驻鹤亭，在洞天门外；照水亭，在放生池上；忘归亭，在忘归洞前。

从以上记载中，我们可以想象当年玉虚宫规模之宏大、建筑之壮丽。而从玉虚宫道士"钦奉圣旨，主领宫事"，"刻铜印授之，视五品"，可见玉虚宫在元代达到了它的鼎盛时期，并在全国的道教宫观中居于极崇高的地位。

1368年，元朝结束不足九十年的统治，代之而起的是明朝。洪武四年（1371），朱元璋派中书管勾甘代表自己前往陕西黄帝陵举行祭祀。在祭文中，他以这样的语句向轩辕黄帝报告："朕生后世，为民于草野之间。当有元失驭，天下纷纭，乃乘群雄大乱之秋，集众用武。荷皇天后土眷佑，遂平暴乱，以有天下。"在歌颂一番黄帝的丰功伟绩后，他昭告轩辕氏："仰惟圣神，万世所法，特遣官奠祀修陵，圣灵不昧，其鉴纳焉！"

朱元璋十分敬仰黄帝轩辕氏，而且他更多地是把黄帝作为"人文始祖"来祭祀，而非"道教始祖"。因为他认为，"全真道"以全精、全气、全神为宗旨，目的是"修身养性，独为自己而习"，无助于社会的伦理教化。

　　与北方的黄帝陵相反，地处南方的玉虚宫在元明交替、互相争夺的过程中饱受战乱之辱，人们对轩辕黄帝的祭祀自然也时断时续。明代缙云祭祀黄帝的记载并不多见，原因较为复杂。刊刻于明成化十八年（1482）的《处州府志·灵异》有如下记载：

　　　　仙都有二松，枝干甚古，大数十围。每晴日当午，雨点滴沥，阴晦则无，名"雨松"。宣德间，俗道以游观者众，劳于送迎，遂伐去之。

　　意思是说，仙都有两棵古松，大到要数十人才能合抱，每到晴天正午，松枝间就有雨点纷纷滴落，阴晦之日则无，故名"雨松"。由于前来观赏雨松的人太多，明宣德年间（1426—1435），玉虚宫道士烦于迎来送往，干脆就把雨松给砍了。

　　如此古松可谓世间罕有，估计在缙云堂时代即已种植。"千年古松"加上"晴天滴雨"的奇观，可谓仙都山之珍、玉虚宫之宝，众多游客前来观赏，不是正好可以提升玉虚宫的知名度，吸引更多的香客吗？然而为了省去几步路的迎送，雨松竟然遭到无知恶道毫不留情的砍伐，可见此时玉虚宫的管理已经混乱到何等程度。

　　在缙云民间，还流传着玉虚宫被明代樊御史所抄灭的故事。樊御史名献科（1517—1578），缙云人，嘉靖二十六年（1547）进士。相传樊献科少时甚苦，一日三餐不继。其时玉虚宫每至用餐之时，道士必以撞钟通知，献科饥饿无奈，常常闻钟声而随道士入宫求食。一日饿甚，忽闻钟响，遂急入宫中，却见众道士用餐已毕。原来献科入宫求食日久，道士生厌，遂改"饭前钟"为"饭后钟"。献科受此刺激而发愤攻读，得中进士，官至侍御史。为报当年"一饭之仇"，他便借故带兵抄灭了玉虚宫。

然而此说似乎不太可信。因为樊御史死后十二年，他的外甥、曾任兵部右侍郎的郑汝璧写了一篇《游仙都记》：

仙都山，志称三百里。去邑二十里许，盖道家所称祈仙二十九洞天者。万历庚寅夏五月，李参知铁城先生约余游。……（十日）质明……已入玉虚宫，前拥云屏，望鼎湖几席间。

也就是说，郑汝璧游仙都的1590年夏天，玉虚宫仍旧好端端地坐落于鼎湖峰下。

次年，即明万历十九年（1591），太仆寺卿、右副都御史兼浙江巡抚常居敬又率浙江藩台曾士彦、臬台廖恒吉及一应官员，专程到仙都祭祀黄帝，后在鼎湖峰底部刻下了每字直径达三米的"鼎湖胜迹"四个大字，至今保存完好。

据麻松亘先生考证，记载玉虚宫最终荒废的是明末奉化人戴

常居敬题刻"鼎湖胜迹"

澳,此人为明万历四十一年(1613)进士,累官至大理寺丞。他到仙都游览时写有《仙都游乘》,其中写道:"先至玉虚宫,宫已废,仅存一亭。"

宋元时代极尽辉煌的玉虚宫,何以到明末竟衰败如此迅疾?1590年郑汝璧游仙都时尚无破败之虞,为什么到1613年戴澳游历时居然"仅存一亭"?

古人没有必要在游记中作假,唯一的解释就是,此乃"伐雨松"、"饭后钟"之"报应"!首先,闻名遐迩的千年雨松被伐,必然引起社会各界的公愤；其次，"饭后钟"之所为，更为当地百姓所不齿；第三，由此产生的更为严重的后果，就是很多人不愿再到玉虚宫祭拜黄帝，而宁愿在本村祠堂或自家道坛进行祭祀，玉虚宫的香火因此零落。

据《缙云县志》载，崇祯十六年（1643），绍兴推官陈子龙到缙云平许都之乱，其后曾畅游仙都。这位后来任南明政权兵部尚书、被誉为"明诗殿军"的将军留下了一篇《仙都山记》，其中写道：

> 至步虚山，山之前有石，从平地拔起，无所附丽，围可二亩，高入云表，不测其仞，是为鼎湖之峰。群燕数万，栖集石罅。其顶多松栝，从下望之，若松草，若丛林。道士曰：冬月枯木堕拱者五之矣，其上有池，雨则水溢，飞鸟过之，遗鱼焉，狭而细鳞。

尽管游记并未涉及玉虚宫，但陪同陈子龙游仙都的这位道士，以他对鼎湖峰一草一木之了解，可推断必为玉虚宫道士无疑。假如此时的玉虚宫仍如1613年戴澳所见"仅存一亭"，那么道士所居何处？是否在这三十年间，缙云人又重建了玉虚宫？而这个对仙都如数家珍的道士，很可能就是玉虚宫香火不灭的维系者。

当华夏大地陷入明清交替的动乱时期，缙云发生了一连串的抗清活动，再加上康熙时期的平定三藩之战亦涉及缙云仙都一带，玉虚宫自然难逃战火。宋元时期朝廷所赐的祭祀器具、祭文档案以及数百年积累的奇珍异宝、名人书画，统统不翼而飞。

一座日渐衰败的道观，自然难以引起官方重视，更不可能得到朝廷的恩宠。然而，尽管玉虚宫积重难返，但由于轩辕黄帝的巨大影响力，战乱期间的缙云百姓依然坚持举行这一传统祭典。每当玉虚宫有坍塌危险时，总会有人挺身而出，进行"写援"集资，而当地百姓也总会节衣缩食，掏出银钱进行重建。因此玉虚宫虽屡建屡废，却又神奇地屡废屡建。

究竟玉虚宫和黄帝祠最终毁于何时，遍查有关典籍和史料，却无任何文字记载。有人说圮于明末，有人说毁于清中期，然而皆因无案可稽而莫衷一是。最近笔者翻阅成书于光绪三年（1877）的《处州府志》，在"图谱·仙都山"部分，忽然发现鼎湖峰左侧画有一座翘檐

光绪三年《处州府志》图谱

式两层结构的宫殿建筑，其空白处赫然写着三个字"玉虚宫"。也就是说，在清光绪三年，玉虚宫仍然完好无损。

我们不知道玉虚宫最后倒塌于何时，但除非遭到天火焚毁，按照图谱上所画之建筑，即使无人修缮，至少仍可挺立十五、二十年。换句话说，即使编撰《处州府志》时，玉虚宫已风雨飘摇、气数将尽，但它仍然可以苟延残喘，直到1900年左右，才最后油尽灯灭。

从"缙云堂"到"黄帝祠宇"，从"黄帝祠宇"到"玉虚宫"，中国南方的轩辕黄帝之祭祀历史可谓脉络清晰，记载详尽。祭典始于两汉，兴于魏晋，盛于大唐，昌于宋元，衰于明清，不仅诗文满目，而且碣石可证。

[肆]黄帝祠宇再复兴

斗转星移，日月如梭。在玉虚宫灰飞烟灭将近一个世纪之后，1994年，"以峰岩奇绝、山水神秀、九曲练溪、十里画廊为特色，融田园风光与人文史迹为一体"的仙都被国务院公布为"国家重点风景名胜区"。随着人们的思想解放，缙云民间要求重建黄帝祠宇、恢复祭祀轩辕黄帝的呼声也越来越强烈。

为了满足中华儿女寻根问祖、祭祀"人文始祖"的需求，促进祖国统一大业，振兴缙云旅游经济，缙云县人民政府顺应民间呼声，决定在玉虚宫旧址重新建造具有千年历史的黄帝祠宇，并在落成后考虑重新举行祭祀轩辕黄帝典礼。

按照有关规定，缙云县政府根据浙江省城乡规划设计院《仙都风景名胜区总体规划》的要求，报请国家建设部批准后，邀请清华大学建筑研究中心著名教授徐伯恩先生设计了具有盛唐风格的黄帝祠宇。1995年3月6日，黄帝祠宇工程正式破土动工。一时之间，缙云社会各界掀起了一股捐款集资建祠宇的热潮，人们纷纷慷慨解囊，鼎力相助。特别是缙云籍台湾同胞，他们专门成立了一个筹款小组接受捐款，然后送回故乡，支援黄帝祠宇的建设。

1998年11月，通过三年努力，由东阳横店古建筑工程公司承建的黄帝祠宇第一期工程竣工。祠宇正门悬挂李阳冰所篆"黄帝祠宇"四个大字。祠宇内12.5米高的黄帝立像由旅台缙云同乡会和缙云县台属联谊会筹资，缙云籍工艺美术家陈成科用香樟木雕刻而成。四周的壁画及浮雕，则由中国美院教授王卓予、沈海驹创作。黄帝立像上方的左右二匾"人文始祖"和"北陵南祠"，由中国书法家协会主席沈鹏等题写。黄帝像两侧对联，由浙江省楹联协会副会长吴亚卿撰联，中国书法家协会副主席刘炳森书写。祠宇前有重达1600斤的铜鼎，上铸

李阳冰"黄帝祠宇"碑

黄帝祠宇（项一中 摄）

古篆八字"真金作鼎，百神率服"。祠宇左侧廊下所挂铜钟重2100斤，上刻《史记》赞誉黄帝的十二个大字"治五气，艺五种，抚万民，度四方"。

11月28日，缙云以及周边各县民众五万余人，怀着中华儿女的虔诚之心，如一股股洪流拥向仙都寻根祭祖。当其时也，只见轩辕大道，鞭炮齐鸣；好溪两岸，华旗招展；雄峰幽谷，云雾缭绕；祭典现场，锣鼓喧天。在象征轩辕黄帝"九五至尊"的九点五十分，缙云人民终于盼到了暌别百年的祭祀盛典——"戊寅年（1998）中国仙都祭祀轩辕黄帝典礼"。由缙云社会各界代表担任的主祭、陪祭、参祭、司仪，神情庄重肃穆。随着悠扬的古乐，轩辕祭典依次进入了第一项击鼓撞钟，第二项敬上高香，第三项敬献花篮，第四项主祭就位，第五项敬献供品，第六项敬献美酒，第七项恭读祭文，第八项鞠躬行礼，第九项乐舞告祭……

2003年，归国华侨项雄军先生怀着一颗赤子之心，集巨资投入黄帝祠宇第二期工程建设。三年后，金碧辉煌、宏伟壮丽的"天下第一祠"建筑群终于以盛唐之雄姿、恢宏之气势，矗立于鼎湖峰下。重建的黄帝祠宇建筑群占地面积36000平方米，建筑面积4800平方米，计有宫门、轩辕殿、缙云堂、怀祖堂、腾龙阁、游龙轩、钟楼、鼓楼、宫门左右长廊、怀祖堂左右长廊、驭龙亭、仰止亭、化龙亭、龙影亭、朝祖亭等建筑。

而今，黄帝祠宇仍按古老传统，每年举行"春秋二祭"，每逢三、六、九举行大祭。大祭期间，不仅有周边地区大批民众前来参拜祭祀，陕西黄陵、河南新郑等地也派代表前来参加盛典，台湾同胞、海外华人华侨更是纷纷组团，扶老携幼前来参祭。

四、缙云轩辕祭典

缙云轩辕祭典分春秋二祭，春祭在清明节，秋祭在重阳节。春祭时，各村宗族往往把黄帝作为远祖祭祀，先祭轩辕氏，再祭列祖列宗；秋祭则在黄帝祠宇进行，击鼓撞钟，敬献美酒供品，恭读祭文，乐舞告祭。

四、缙云轩辕祭典

　　在缙云古村落的祠堂上厅，往往都挂着一块"祭如在"的匾额，意为祭祀时必须像祖宗亲临现场一样庄重、恭敬，不得有半点随意和马虎。缙云轩辕祭典的礼仪亦是如此，因为缙云人从小受到的教育就是必须尊敬长辈，更要尊祖敬宗。

[壹]轩辕祭典之缘起

　　西晋时出土的战国时期魏国的编年体史书《竹书纪年》中，出现了有关黄帝祭祀的最早文字："黄帝既仙去，其臣有左彻者，削木为黄帝之像，帅诸侯朝奉之。"意思是说，黄帝仙逝后，有个叫左彻的臣子用木头雕刻黄帝像，率领诸侯进行朝拜奉祭。

　　葛洪则在《抱朴子》中记载："黄帝升仙者，桥山之冢，又何为乎? 抱朴子答曰: 按《荆山经》及《龙首记》，皆云黄帝服神丹之后，龙来迎之。群臣追慕，靡所措思，或取其几杖，立庙而祭之; 或取其衣冠，葬而守之。"意思是说，黄帝既然已经升仙，为什么要在桥山建黄帝冢呢? 抱朴子 (葛洪) 回答说:《荆山经》和《龙首记》都说黄帝服用神丹后被龙接走，群臣为了纪念追思他，有的拿了黄帝用过的坐几和手杖，建立庙宇来祭祀，有的则拿了黄帝穿戴过的衣帽，埋葬后守护着它。

为什么古人对祖先的祭祀如此重视?

《左传·成公十三年》载:"国之大事,在祀与戎。"也就是说,国家最重要的两件事,第一是祭祀,第二是用兵。其实,就在黄帝当政的时代,也是把祭祀作为大事来对待的。《史记·五帝本纪》载,黄帝时"万国和,而鬼神山川封禅与为多焉",意思是说,天下大定、万国和睦后,对鬼神山川进行封禅的要数黄帝时代为最多。

所谓"封禅",是古代一种祭祀天地的礼仪。由于古人对日月星辰的运行、风雨雷电的产生以及人类生老病死、粮食旱涝丰歉等自然现象难以解释,他们的头脑中充满恐惧和敬畏。为了祈求上天保佑,"祭天告地"的礼仪应运而生,从最原始的郊野之祭开始,逐步发展到登山祭祀,也就是"封禅"。

"封禅"礼仪源于原始农耕社会的核心理念"敬天法祖"。"敬天"出自《诗经》:"敬天之怒,无敢戏豫。敬天之渝,无敢驰驱。"意思是说,敬畏上天,就应当尊重天之威怒,不敢擅自戏谑逸乐;敬畏上天,就应当尊重天之灾变,不敢随便放纵自己。何谓"法祖"?"法"者,效法也;"祖"者,祖先也。为什么要效法祖先?孔子曰"万物本于天,人本乎祖"——没有天哪来的万物?没有祖哪来的人?

在农耕社会,人们要获得农作物的丰收,除了老天爷保佑之外，最重要的就是种植经验，而这些经验往往需要经历一定的生命周期才能获得。换句话说，胡子越长经验越丰富，学习这些长胡子老人的经验，才能获得丰收。这就是农耕社会崇敬老人的由来。

"敬祖"还有一项更重要的功能，就是通过祖先与老天爷进行沟通，以确保风调雨顺，五谷丰登。

那么，怎样"敬天法祖"呢? 古人认为，唯有"祭祀"一途。

根据陕西省社科院研究员、陕西省轩辕黄帝研究会副会长、西北大学教授何炳武先生多年研究，历史上的黄帝祭典有四种情况：一是作为中华民族的始祖来祭祀，二是作为五帝之一来祭祀，三是作为华夏帝王来祭祀，四是作为中华民族的象征来祭祀。

商周时期的祭祀，是把祖先之神主置于"宗柘"石匣内，在宗庙里举行。在祭品的规格上，周天子的祭品为"会"，即三组"太牢"（牛、羊、猪三牲）；诸侯用一组"太牢"，即"特牛"（一头牛）；大夫用"少牢"（羊、猪）；士用猪；庶民用鱼。至清代，三品以上一猪一羊，四品至七品一猪，八品以下用猪肩，庶民只用饼饵、肉食菜蔬、羹、饭各二。

中国历史上有文字记载的第一次"皇帝祭黄帝"，就是前文所述的"汉武帝祭黄帝冢于桥山"。到了南北朝时期，前秦皇帝符坚曾经这样赞美轩辕黄帝："轩辕，大圣也，其仁若天，其智若神!"建立北魏王朝的鲜卑族自称黄帝后裔，先后有三位皇帝四次前往黄帝

陵庙祭拜。到了隋代，文、炀二帝都曾主持过祭祀黄帝的仪式。

真正把黄帝作为帝王来祭祀，始于唐天宝年间，唐玄宗下令在历代帝王庙中加上三皇及以前帝王进行祭祀。宋代既有中央对黄帝的祭祀，亦有地方对黄帝的祭祀，其祭典相当于古礼中的祭祀先圣先贤礼，以祈求黄帝保佑天下风调雨顺，国泰民安。

辛亥革命后，孙中山就任中华民国临时大总统时发表《就职宣言》称："合汉、满、蒙、回、藏诸地为一国，即合汉、满、蒙、回、藏诸族为一人。是曰民族之统一。"从此"五族共和"取代了"驱除鞑虏"，黄帝也成为中华民族的共同先祖。随后，孙中山亲派代表团

陕西黄帝陵

赴陕西祭黄帝陵，他在亲笔题写的祭文《黄帝赞》中写道："中华开国五千年，神州轩辕自古传。创造指南车，平定蚩尤乱。世界文明，唯有我先。"民国24年（1935），国民政府确定清明节为"民族扫墓节"，派官员到黄帝陵致祭。抗日战争全面爆发前夕的1937年清明节，国共两党派代表赴陕西桥山黄帝陵共祭祖先，黄帝成为两党捐弃前嫌、团结抗战的一面旗帜。1962年，国务院公布陕西黄陵县的黄帝陵为全国第一批重点文物保护单位"古墓葬第一号"，确立了桥山黄帝陵不可动摇的历史地位。改革开放以来，海内外中华儿女纷纷回国寻根问祖，参拜和祭祀中华民族的人文始祖轩辕黄帝。

总之，无论人们是把轩辕黄帝当作始祖还是帝王来祭祀，都反映了黄帝在中华民族文明发展史上不可替代的崇高地位。轩辕黄帝不仅是具有广泛号召力的部族首领，也是中华民族的共同始祖，更是中华民族独一无二的伟大象征。

[贰]轩辕祭典之仪程

缙云轩辕祭典分春秋二祭，春祭在清明节，秋祭在重阳节。

清明春祭时，各村宗族往往把轩辕黄帝作为远祖祭祀，祭拜时要先祭轩辕氏，再祭列祖列宗。主祭人必由德高望重的长者担任。礼仪有擂鼓（九下）、击锣（五下）、上供品、上高香、跪拜、敬酒、读祝文、鸣炮等程式。

缙云传统的山乡民居多为大四合院式建筑，中间有方形宽敞的天井，除采光通风外，也作为庆典和祭祀等活动的场所，古称"道坛"。《说文解字》称："坛，祭场也。"缙云道坛的祭拜仪式是，场中置一八仙桌，上供黄酒、清明粿、烤豆腐、熟芥菜、熟笋、肋条猪肉以及山珍水果等祭品。祭拜时，由长辈率全家大小立于桌前，点烛上香，合掌跪拜。长者仰首向天，口中念念有词，俗称"说诂"（即简单的祭文），向轩辕黄帝说些祈求平安幸福的吉语，说完后以酒洒地（"黄帝"即"黄地"）。接下来依次祭拜列祖列宗，再次"说诂"，然后焚烧纸钱，燃放鞭炮，为黄帝和祖宗送行。仪式结束后，祭品由各人领回，以便思祖敬宗，分享余荫。

相传九月初九是轩辕黄帝在缙云山乘龙升天之日，故秋祭要在仙都的黄帝祠宇进行。据历年参加祭典的老人项铨回忆，他曾听老艺人讲述过晚清时的秋祭。祭典之前，先由主事村推选理事若干，负责资金筹备、祭品置办及传统节目表演的组织等事宜。到了九月初九，参祭民众一早就扛抬祭品、敲锣打鼓，一路表演后，在鼎湖峰下黄帝祠前聚集。上午巳时之中（约九时五十分），鼓乐齐鸣，点烛上香，开始祭祀，祭拜结束后焚纸燃炮。各村村民在黄帝祠前轮流表演拿手绝活，最后敲锣打鼓，或担或抬祭品回村，聚餐一顿分享余荫，祭祀活动才宣告结束。

黄帝祠宇重建后，秋祭活动规模不断扩大，礼仪则沿袭历代传统。重阳节当天，各地民间表演队伍凌晨即起，披挂上阵，幡旗队、板龙、板狮、钢叉、竹马、哑背疯、三十六行等三十多支民间表演队伍从各个方向往黄帝祠宇进发。他们沿途一路献艺,观者如潮,最后集中在仙都的飞天广场轮番表演。九时左右,祭祀大旗在前开道,鼓乐队、幡旗队、舞龙队、舞狮队等民间表演队伍随后,主祭、陪祭、参祭人员在礼生引导下,从飞天广场列队依序进入祭祀大院,分组肃立。到了象征"九五至尊"的九时五十分,司仪宣布祭典开始,轩辕祭典便按以下九项仪程有序进行:第一项击鼓撞钟,第二项敬上高香,第三项敬献花篮,第四项主祭就位,第五项敬献供品,第六项敬献美酒,第七项恭读祭文,第八项鞠躬行礼,第九项乐舞告祭。

双龙引领(项一中 摄)

嘉宾肃立

敬上高香

击鼓撞钟

敬献花篮

敬献五谷

恭读祭文

敬献美酒

乐舞告祭

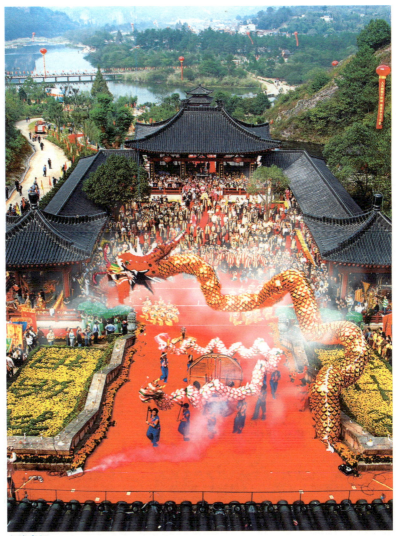

龙腾帝祠

主祭合影

以下是缙云轩辕祭典的具体实施方案。

9:50	★ 司仪宣布：某年中国仙都祭祀轩辕黄帝大典现在开始，全体肃立！
击鼓撞钟	▲ 司仪宣布：击鼓！（三十四响，代表全国三十四个省、自治区、直辖市、特别行政区） ▲ 司仪宣布：撞钟！（十五响，代表全世界十五亿中华儿女）
敬上高香	▲ 司仪宣布：请主祭人某某先生盥手，向中华民族的伟大始祖轩辕黄帝敬上高香。（一人敬一支，共五支）
	民乐队演奏《香赞曲》。

敬献花篮	▲ 司仪宣布：请主祭人某某先生盥手，向中华民族的伟大始祖轩辕黄帝敬献花篮。（一般敬献九个花篮）
	民乐队演奏《陈献曲一》。
主祭就位	▲ 司仪宣布：请主祭人某某先生、某某女士盥手就位。
	民乐队演奏《登坛曲》。
敬献供品	▲ 司仪宣布：敬献三牲。
	民乐队演奏《陈献曲二》（下同）。
	▲ 司仪宣布：敬献五谷（谷、麦、粟、豆、米仁）。
	▲ 司仪宣布：敬献山珍、果品、鲜花（橘、栗、花生、香菇、蚕茧）。
敬献美酒	▲ 司仪宣布：敬献美酒（糯米黄酒）。
	▲待乐止后，司仪宣布：请主祭人某某先生向中华民族的伟大始祖轩辕黄帝敬献美酒！
	民乐队演奏《敬酒曲》。
	▲司仪宣布：初敬酒，再敬酒，三敬酒。
恭读祭文	▲司仪宣布：请主祭人某某先生恭读祭文！
	民乐队演奏《进表曲》。

鞠躬行礼	▲恭读祭文结束后，司仪宣布：全体肃立！
	主祭团、陪祭团及所有在场者面朝黄帝像肃立。
	▲ 司仪宣布：向中华民族的伟大始祖轩辕黄帝行礼，初鞠躬，再鞠躬，三鞠躬。
乐舞告祭	▲ 司仪宣布：向中华民族的伟大始祖轩辕黄帝献舞 "龙腾仙都"！
	▲男子腰围兽皮裙，头套条箍，上插雉毛，手执钢叉；女子穿兽皮短裙，头套条箍，戴耳环，手执龙须草。舞蹈表演中，二小龙、二狮子加入，狮翻龙舞。巨型飞龙从祠宇左侧飘然而下，在祭坛左右盘旋起舞，祝福所有参祭者，再向黄帝像点头致意，最后冲上云霄。
	★ 最后司仪宣布：礼成！

[叁]轩辕祭典之习俗

缙云轩辕祭典有哪些约定俗成的礼仪呢？

祭典前一天，参祭者必先焚香沐浴，以示对轩辕黄帝的虔敬。次日一早，主祭和司仪换上洁净的传统服装蓝布长衫。近年来主祭和司仪身穿唐装，胸前披挂特制的黄色长条丝巾。

祭典当天一早，各个乡镇、村庄的民间表演队伍为及时赶到仙都而早早起床装扮，披挂整齐后立即出发。这些源自缙云本土的传统节目形式独特，内容丰富，门类繁多，充分体现了地方传统文化的特征。参祭的民众也穿戴一新，扶老携幼，浩浩荡荡向仙都而行，沿

幡旗钢叉舞

途一路观看几十支民间队伍的踩街表演。丰富多彩的传统民间表演营造出独特的祭祀大典的喜庆氛围。

祭典队伍中有大型的鼓号队和古乐队。鼓号队由两面大铜锣、九支先锋和十二面大鼓等共二十二人组成，他们服装整齐，步调一致，气势恢宏，震撼人心。古乐队则由司鼓、锣、钹、二胡、三弦、古筝、笛子、唢呐等二十余件乐器组成，乐曲古朴典雅，热烈悠扬。献祭舞蹈以黄帝炼丹、乘龙升天为题材，由八十余人演出，舞蹈动作古老而粗犷，雄壮而奔放。

俗称"响铃叉"的传统舞蹈"钢叉舞"是轩辕祭典舞蹈中一个

古老的节目，由四十人表演。演员头扎黄巾，赤膊束腰，腿扎裤脚，足踏软鞋，手执钢叉，随着锣鼓节奏起舞。主要动作有"双手花"、"转腰"、"滚背"、"过腿""调车"、"开四门"、"上栲"、"下栲"、"飞叉"等，充分展现了轩辕氏族彪悍勇猛的尚武之风。

　　缙云轩辕祭典所用祭品也颇为讲究。比如缙云民间有传说，黄酒乃黄帝所创，因此祭典所用酒品一向都是缙云本地酿制的黄酒。1999年，仙都啤酒厂向祭典赞助了一笔经费，因此祭典向黄帝敬酒时所用的就是"仙都啤酒"，民众发现后极为不满，认为这有违祖制而纷纷指责组委会。此后祭典一律恢复使用精心酿制的黄酒——按黄帝的原始方法，以野辣蓼做曲，用精选的糯米炊熟，汲山涧的清泉酿制而成。

　　缙云轩辕祭典的另一种独特祭品叫"清明粿"，相传为轩辕黄帝的正妃嫘祖所创。清明粿的制作方法十分复杂，首先要采摘新鲜嫩绿的野草"青蓬"，再精选颗粒饱满的糯米磨粉炊熟，将青蓬和米粉置于石臼中，反复舂捣而成青翠碧绿的粉团。用面櫑将粉团擀薄作皮，以猪肉、笋丝、豆腐炒成香味浓郁的馅，再以手工捏制为尖嘴鸭状；若是甜味馅，则选用色泽发亮的长圆形红豆，制作成百褶简式圆形点心。上笼炊蒸前，要在笼格中铺一层叫"粿箬"的清香树叶，再放入一个个清明粿慢慢炊蒸而熟。这样制作成的清明粿，才能入选作为轩辕祭典上的祭品。

　　祭品中的"时果"——橘子和栗子，寓意"吉利"，都是缙云本地的特优产品；颗粒饱满的花生，则代表中华儿女孙旺盛的生命力；祭品中还有雪白的蚕茧，相传为嫘祖发明，黄帝南巡时带入缙云，仙都下游周村至今还有"桑潭"之古地名，而缙云出产的蚕丝更是年年被评为浙江特优产品。

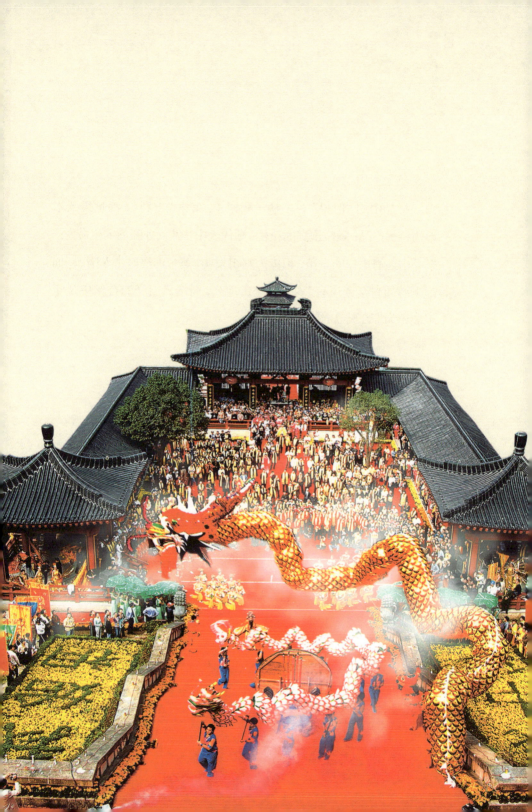

五、轩辕祭典文存

在改朝换代之战乱、金戈铁马之烽火中，黄帝祠、玉虚宫经历过多次劫掠与焚毁，历代积累的文书字画消亡殆尽。故此特将今日所能搜集到的与缙云轩辕祭典相关的资料一并收录，以期永久保存。

五、轩辕祭典文存

　　自从唐玄宗封仙都、敕建黄帝祠以来，一千两百多年间，黄帝祠宇所积累的历代帝王之赏赐、高官巨贾之捐赠，以及各种字画、珍宝、文献，必定汗牛充栋，为何如今这一切都荡然无存了呢？

　　这是因为经历改朝换代之战乱、金戈铁马之烽火后，黄帝祠与玉虚宫可以屡毁屡建，但失落的文物珍宝和焚毁的文献却灰飞烟灭不可再得。两次出守婺州、后官至吏部尚书的宋代词人韩元吉（1118—1187）游仙都时写道："夜宿玉虚宫，小轩正对步虚峰。道士云：天宝三载有庆云见，且山呼万岁，始诏建黄帝祠，封为仙都山，敕书今亡。"也就是说，到了南宋之际，连唐玄宗敕建黄帝祠的诏书、封仙都山的圣旨都亡佚了，何况其他？

　　黄帝祠和玉虚宫经历过多少次劫掠、焚毁，如今已无法考证，但其中最严重的两次，无疑是北宋末年的方腊起义以及清末的太平天国起义。方腊起义时，大盗霍成富浑水摸鱼，用方腊名号强攻缙云，杀县尉詹良臣后，沿好溪而上，到处烧杀掳掠。当时的玉虚宫亭台楼阁、珍奇无数，霍成富劫掠一空后，放了一把大火，将其彻底焚毁而化为灰烬。他们甚至连山洞也不放过，南宋参知政事楼钥在

《北行日录》中记载："（仙都）有洞名金龙，一窦通独峰下，仅容小儿出入，而其中甚宽。宣和间，尝以金龙镇之，为睦寇盗去。"

经过明、清两朝的积累，玉虚宫又保存了大量的文物字画、奇珍异宝。到了清咸丰八年（1858）四月，缙云被石达开堂弟石镇吉率领的太平军攻占，玉虚宫再遭洗劫。太平军掠走了宫中的奇珍异宝，然后把所有的文书字画堆放在一起，付之一炬。幸好元版《仙都志》另有他藏，得以保存至今，若藏于玉虚宫，也必定早已灰飞烟灭。

故此，我们特将今天所能搜集到的与缙云轩辕祭典相关的资料一并收录于此，以期永久保存。

[壹]仙都山铭文

"铭"，从"金"，从"名"。"金"者，钟鼎也；"名"者，广为人知也。二者合而为"铭"，意即在金石上刻文以称颂功德。《礼记·祭统》："铭者，自名也，自名以称扬其先祖之美而明著之后世者也。"也就是说，"铭"的本义乃为先祖歌功颂德，以传诸后世。秦汉以后，"铭"以刻石为多。后来，"铭"逐渐成为一种文体，如"座右铭"、"墓志铭"，最著名者如唐刘禹锡的《陋室铭》。

唐宋以来，文人墨客游仙都、祭黄帝，必先作颂扬轩辕功德的祭文，也就是"铭"，祭祀结束后将其刊刻于石壁。可惜由于仙都地质属火山喷发的凝灰岩，所刻铭文经风雨侵蚀，早已纷纷剥落而难以辨认。现根据幸存的元《仙都志》所记收集于此。

仙都山铭

〔唐〕李季贞

玄混播形，厚载孕灵。雄冠群山，孤高亭亭。

挺立参天，氤氲青冥。岚凝丹穴，霞驭云屏。

上摩九霄，旁凝五星。龙须莫睹，凤管时听。

降时穆武，求之靡宁。徒闻荒政，曾不延龄。

物在殊异，昔人乃铭，爰勒斯文，缙云之炯。

注：李季贞，唐建中二年（781）自节度判官除括州刺史。

仙都山铭

〔唐〕张鹭

仙都有山，山出万山。直上千寻，入烟霞深。

圆如笋抽，高突云阴。标表下国，权与象帝。

日钦月钦，万有千岁。东西大镇，川泽四卫。

造化无垠，莫如往制。晴岚依依，宿雾洞开。

仿佛有像，神仙下来。灏气氤氲，灵鸟环迥。

永殊尘杂，不鼓纤埃。绝顶霄嶨，澄湖在上。

入罕戾止，孰窥其状。日烛云披，风飘液飞。

如雨雨空，微洒霂衣。谷来松音，潭影曙晖。

往往鹤唳，不知所归。唐垂百年，玄宗体元。

响应万岁，声闻上天。帝祚明德，祠堂在焉。

永怀轩后，功成此地。丹灶犹存，龙升万里。

事列方志，道高青史。无复仙容，空流溪水。

百越之内，此山为大。恍若壶中，疑生象外。

直而不倚，高而不殆。古往今来，独立沧海。

注：张鹭，唐文宗开成年间（836—840）淮南节度使。

仙都山铭

〔唐〕韩翃

亭亭仙都，峻极维嵩。屹立溪右，削成浙东。

发地直方，摩霄穷崇。灵沼在上，祥云积中。

圭直千仞，柱宁四封。目视不极，翰飞靡穷。

群追奔走，列仙会同。黄帝彼访，碧岭是冲。

丹穴傍起，金溪下融。日照霞附，月映绡蒙。

壤绝栖尘，木无寓丛。居幽不昧，守一而雄。

万寿报响，九成来空。嘉名来复，展礼斯洪。

录作惩止，年祈感通。莫高匪兹，造物之功。

注：韩翃，唐代诗人，"大历十才子"之一。天宝进士，唐德宗时中书舍人。

处州独峰山铭

〔宋〕叶清臣

黄帝车辙马迹,周遍万国。丹成云起,因瑞名山,则独峰之登,固宜有是。会将漕二浙,行部括苍,道士仙都,亲访灵迹,慨然感秦汉之不自度也。驻马溪上,勒铭山阴。

於黄显思,道崇帝先。隆三迈五,功丰德全。

脱履厌世,乘云上天。跨彼飞龙,格于皇天。

虐秦侈汉,鏖兵事边。流痛刻下,溺祚穷年。

忘是古训,跂于岩巅。宜尔灵仙,孤风岿然。

注:叶清臣(1000—1049),字道卿,长洲(今苏州)人,北宋名臣,天圣二年(1024)榜眼,历任光禄寺丞、集贤校理,迁太常丞。

[贰]黄帝祠宇重修记

自唐天宝七年"缙云堂"赐名"黄帝祠宇"、宋治平年间又赐名"玉虚宫"以来,缙云轩辕黄帝祭典的规格可谓愈来愈高,其规模亦愈来愈盛。然日久年深,风霜雨雪,加上兵燹战火,改朝换代,其建筑可谓屡毁屡建,记录黄帝祠宇重修的文字寥若晨星,或仅见片言只语。今特将古今相关文字收录于此,以免散佚。

仙都山新作玉虚宫碑

〔元〕虞集

缙云县仙都山者，道家书以为祈仙总真洞天。相传黄帝曾于此炼丹而仙去。唐天宝中，赐号仙都山，祠黄帝。宋治平三年，赐名玉虚宫。天禧中，连年敕修醮。宣和三年毁于寇。道士游大成作之。开庆中，郡守刘安相阴阳，更定面势，命道士陈观定改作之。内附国朝主宫事者，四方之人皆得为之，而宫日废。

道士赵嗣祺世居缙云，受业兹山，去而学仙武夷山。数年后，入京师，朝中贵人喜之。延祐元年，钦奉圣旨主领宫事，始重新之。三年，刻铜印授之，视五品。五年，受宣命主持，兼领本路诸宫观，嗣汉三十九代天师，及玄教大宗师。请以宫中师弟子甲乙相次主其宫事。闻有旨，从之，泰定二年也。嗣祺遂承诏遍祀东南名山。归主建康元妙观，得谒今上皇帝于潜邸。至顺二年来见，因求归仙都，不获请，有旨更赐号，曰：教门真士玄明通道虚一先生。乃来告曰："仙都宫成，未有记。今既未克归，惧因循无以示久远，幸勒文表之。"乃为著铭曰：

缙云之虚，有峻其高，旁无引缘，上干云霄。

轩后神明，去世遂辽。祠宇在焉，冲融消遥。

微音出空，岂其下遨。有宫有庐，有坛有莳。

大光昭宣，百灵萃止。疵疠不作，锡我繁祉。

室有寿耉，孙鲁妇子。不识不知，明粢甘醴。

维昔轩后，广成是师。千二百岁，而身不衰。

究观绪言，淡乎无为。以修其身，民用雍熙。

请以告民，万年如斯。

注：虞集（1272—1348），元代著名学者，累官集贤修撰，奎章阁侍书学士，国子监祭酒。领修《经世大典》，元代"儒林四杰"之一。

游仙都记（节录）

〔明〕郑汝璧

仙都山，志称三百里。去邑二十里许，盖道家所称祈仙二十九洞天者。万历庚寅夏五月李参知铁城先生约余游，九日，先发肩舆，抵下洋……至练金溪……登群玉台……归而憩仙都草堂。

（十日）质明……仰视鼎湖，干云矗起，峰头松枝苍苍如龙髯……已入玉虚宫，前拥云屏，望鼎湖几席间，惜山赭台荒，殊乏蓊郁耳。宫右直上则金龙洞、妙庭观在焉。期以饭罢往，乃渔者大集，请观鱼，遂复入舟，网罟鳞比，得鱼十倍于昨。上忘归洞，下俯龙舌洲，夕阳荡彩，如霞缀绮疏，自足留人，坐石高歌，声戛云际。

明日，为芙蓉嶂，游时水落石出，主人呼数十，指浚水道。遇胶处辄负而上。行里许，为板堰、田村，居人可百家，水稍澄泓，山亦葱翠，无□□状，而境渐幽，足音渐少，居然武陵源也。呼大白，酌樊叔子季崇所遗斗酒。停舟，就美荫为新声，居人未之前睹，聚而堵观，孺子骇而问客从何来，岂其谪仙且饮胡麻乎？

溯珠潭而上，不可舟，则取道山椒，参知先发，度岭如飞，田父相讶，何翁矍铄乃尔！行一二里许，缘溪攒诸巨石，如潜虬，如跃马，如踞象，如叱羊，如飞仙，拥者甚众。其一锐而出峰之巅，俨如黄冠登坛作法，二三如丫髻番奴，解辫重译而来，故俗呼回回岩。溪南鸡犬相望，盖沐白也。居者百数十家，石碓舂声札札，传空谷而回响，如考钟□。

坐饮连环洞，居人进茶。起步而北，崖口稍宽，入转窄，紫石簇簇如芙蓉万朵，乱扑眉睫，志所称芙蓉嶂。直外户耳，参知见而大呼，余等踵至，且行且赏，遂相与深入。凡数转，径逾窄陡，拥一峡，崖壁相向，石门中开，可丈余。稍进则二柱耸峙，忽辟而峭，两山抱之，中悬一石如丹鼎，上员下洞，可坐十人，前向石屏，右耸一小峰如丹客望鼎，天然一堂奥也。

日已下舂乃别，问舟而返。观马迹潭，潭底石也，而点点散杯如万马驰骤，鼓行不乱，斯亦奇矣。抵草堂且暮，亟以酒脯佐劳，而月色晶晶不能寐，主人援琴再弹《高山》而罢。

注：郑汝璧（1546—1607），号昆岩、愚公，缙云县城东门人，隆庆二年（1568）进士。累官至山东右布政、兵部右侍郎兼金都御史、总督宣大山西军务等。

重修"天下第一祠"记

〔当代〕项一中

纵观古今之远、民族之盛者，莫过于东方之华夏。

俯览天下之大、德望之隆者，则莫过于轩辕黄帝。

所谓"天下第一祠"者，浙江缙云仙都之黄帝祠宇也。史载，黄帝姓公孙，名轩辕，号有熊，又曰缙云氏。太史公司马迁尝谓之曰：生而神灵，长而敦敏；治五气、艺五种，抚万民、度四方；时播百谷草木，淳化鸟兽虫蛾；有土德之瑞，故天下咸尊之为"黄帝"。

相传，黄帝一统华夏后，乃披山通道，拓土开疆；东至于海，西至空桐，北逐荤粥，南至于江。当其巡游江南之一隅，忽见清溪蜿蜒之岸，突耸拔地擎天之石，且壮若元阳，势欲干云。黄帝见之而大喜，遂驻此炼丹，丹成后乘龙升天。百姓为纪念黄帝，以"缙云山"名其地，造"缙云堂"祭其帝。永嘉太守谢灵运《名山记》有云：缙云山旁有孤石，高二百丈，顶有湖，生莲花，古老云：黄帝尝炼丹于此。

元《仙都志》则称：唐天宝七年（748）六月八日，有彩云覆绕缙云山独峰之顶，云中仙乐响亮，鸾鹤飞舞，俄闻山呼万岁者九，诸山皆应。处州刺史苗奉倩奏之于朝，玄宗闻而叹曰：真乃仙人荟萃之都也。遂敕改缙云山为"仙都山"，缙云堂为"黄帝祠宇"，"周回三百里禁樵采捕猎"。其时，北有陕西黄帝陵，南有缙云黄帝祠，史称"北陵南祠"。"黄帝祠宇"始有"天下第一祠"之誉焉。

宋天禧四年（1020），真宗遣使至仙都祭黄帝于祠宇，投"金龙玉简"于金龙洞。治平二年（1065），又扩建黄帝祠，赐名"玉虚宫"。宣和辛丑（1121），玉虚宫毁于方腊之乱。其后，道士游大成重建宫观，因改方位为东坐西向，为阴阳者流讽为"虎瞰"。景定庚申（1260），郡守安刘又取朝旨，命道士陈观定按旧址方位，重造其宫。

元延祐元年（1314），玉虚宫年久失修，日渐败落。道士赵嗣祺因奉圣旨主领宫事，重修玉虚宫，被钦赐"五品印章"。宫观落成，魏国公赵孟頫为之题写"仙都山门"及"风雨堂"。通奉大夫、翰林侍讲学士虞集亦为之作《重修玉虚宫记》。

明洪武年间，明太祖朱元璋按仙都"玉虚宫"之成例，降旨敕封陕西黄帝陵之护陵官五品之衔。万历辛卯（1591），太仆寺卿、右副都御史兼浙江巡抚常居敬，率藩台、臬台及一应官员，莅玉虚宫祭拜轩辕黄帝，并于鼎湖峰刊"鼎湖胜迹"四字，以记其盛。

有清一代，朝廷崇佛抑道，缙云之宫观纷纷摇身变为寺院，玉虚宫随之日渐式微。至光绪末年，宫观风雨飘摇，终成断壁残垣。延至民国，则唯余黄土一抔，荒草数丛矣……

20世纪90年代初，民间重建"天下第一祠"之呼声日甚。缙云县人民政府顺应民意，于1994年成立"重建仙都黄帝祠宇指挥部"。各界士人闻之，莫不欢呼雀跃，踊跃集资矣。缙云籍台胞则不遑多让，亦捐资立轩辕像，造仰止亭。公元1998年10月27日，由清华大学建筑研究院设计、横店古建公司承建之仿唐建筑"天下第一祠",披红挂彩,如期竣工。

1998戊寅年孟冬,暌别一世纪之中国南方之黄帝祭典,在"天下第一祠"之轩辕殿前隆重举行。当其时也,好溪之畔人山人海,鼎湖峰下盛况空前,缙云及周边民众计五万余人,共襄盛典焉。

祭典参照古之"禘礼",击鼓撞钟,敬上高香,敬献三牲五谷,敬上美酒佳馔,敬供时果鲜花,恭读祭文,乐舞献祭等。主祭、陪祭庄严肃穆,虔诚祭拜。国家旅游局、浙江省政协、省建设厅、省旅游局、中共丽水地委、北京海淀代表团、陕西黄陵代表团、中华轩辕黄帝研究会、旅台缙云同乡会敬献花篮。

2003年11月,由天源公司归国华侨项雄军先生投资之黄帝祠宇二期工程破土开工。越二年,黄帝祠宇之官门、东西回廊、缙云堂、怀祖堂、腾龙阁、游龙轩、驭龙亭、龙影亭、化龙亭等建筑相继竣工。其栋宇之轩昂,气势之恢宏,观者无不为之赞叹。2006年3月,浙江大学历史系、浙江大学中文系、浙江省历史学会、浙江省楹联学会、缙云仙都风景旅游管理局联合举办"天下第一祠"海内外楹联大征集活动。仅候一月有半,即有全国31省、自治区、直辖市,港、澳、台及新加坡、马来西亚、美国、加拿大等国家和地区3500余人投稿,收应征楹联18000余首。经遴选,123首精品佳作脱颖而出,西泠印社著名书法家遂为之挥毫泼墨,缙云艺术家陈慧珠女士为之精心设计,刻以椴木，贴以真金，悬于祠内，乃蔚为大观矣。

　　自戊寅年重修"天下第一祠"，历时十有数年，大型祭典计三十余次。然天宝年间"彩云仙乐"、"山呼万岁"之类不解奇谜，竟屡现不止。其一为"祭典雨歇"：1998年来，但逢清明及重阳，缙云皆行春秋二祭，虽时逢春雨纷纷或秋雨绵绵，然九点五十吉时一到，霎时雨歇云开，此为祭典之一奇也。其二为"台风绕道"：缙云县城地势低洼，每逢台风骤至洪水暴涨，城内街道遂成汪洋，然恢复祭典十余载，台风虽年年光顾，却次次绕道，此为祭典之二奇也。其三为"龙回仙都"：2004年重阳，祭文读毕，祭典上演"龙腾仙都"，一长达34米之巨龙左盘右旋后，遂腾云驾雾，渐行渐远，消失于天际；祭典结束未久，忽见此飞龙早已回归，憩息于仙都之"龙耕路"，且龙首在岸，龙尾在渊——此乃缙云轩辕祭典之三奇也。

　　据云，近年陕西黄陵祭典放飞"华夏巨龙"，亦曾出现"龙回黄陵"之奇观，可谓"北陵南祠"皆有应者。于

黄帝祠宇建筑群

是世人皆曰：轩辕黄帝在天有灵，必佑我华夏古国炎黄子孙，兴旺发达繁荣昌盛矣！

2011年夏

[叁]轩辕祭典之祭文

缙云轩辕祭典自唐代至清末，长达一千两百余年间的"春秋二祭"之祭文，如今已难觅其踪。究其原因，源于古人相信祭奠先祖的祭文有如纸钱，唯有读完即焚，方能寄至阴间而送达祖宗尊前，故祭文一向难以保存。即便如陕西黄帝陵之祭文，由朝廷草拟、原稿保存、黄陵县流传至今者，也不过明朝数篇而已，此前之文献档案，亦烟消云散不知所踪。为使国家非遗轩辕祭典之祭文能永久保存，特将近年祭文收录于下。

戊寅年（1998）缙云各界祭轩辕黄帝文

惟公元一千九百九十八年，岁次戊寅，时在孟冬，阳月吉日，缙云县社会各界代表，敬具香花醴酒，恭诚奉祭于黄帝祠宇之前，曰：

巍巍中华民族，辉煌肇创于炎黄；

赫赫公孙轩辕，姓名彪炳于天地！

伏维吾主：

德呈黄土，遂作尊称；氏系缙云，及膺嘉锡。接武伏羲神农，继三皇之伟烈；传芳唐尧虞舜，著五帝之丰功。敦敏精勤，披山通道；播耕教化，治国安民。熠熠光芒，文明发越，悠悠岁月，苗裔绵延。桥山共仰陵园，万国衣冠来拜；鼎湖曾遗弓剑，千年祠宇重瞻。驰驱揽辔，映天马迹之潭；涕泣攀髯，匝地龙须之草。明珰翠羽，仙子有昭灵之宫；金简玉书，玄孙得治水之法。祖德追思，英风不绝，神功缅想，灵爽在兹。

维吾缙邑：

名传帝号，景擅仙都。独秀一峰，片云孤石；回环九曲，匹练层波。留篆苍碑，永忆盛唐之贤令；传经绛帐，曾来南宋之大儒。翰苑题诗客，高吟阆苑之篇；皇都折桂人，喜下仙都之榻。峡号芙蓉，探幽恍登蓬岛；溪流碧玉，问渔如入桃源。彩云仙乐，三唐天宝之年；莹石珠岩，两浙物华之地。

溪山挺奇秀之姿，人民得聪勤之禀。历变沧桑，更新日月。艰辛创业，治山水而垦田林；改革图强，拓新蹊以开富路。铁路横通，作金温之枢轴；长衢直达，连椒缙以伸延。邓论高擎，大旗映日；神州纵目，豪气干云。

荐血诗哀，肖然鲁迅；誓师文壮，伟矣毛公！我缙云人民值此祠宇重新，用敢馨香以告；誓奋宏猷，昭陈始祖；定成雄略，永励后昆。帝鉴临而如在，灵仿佛其来歆。尚飨！

（杭州　王翼奇　敬撰）

己卯年（1999）重阳缙云各界祭轩辕黄帝文

惟公元一九九九年九月初九，序属重阳，秋高气爽，枫红菊黄。中共缙云县委、县人大、县政府、县政协暨各界代表、台胞侨胞，齐聚鼎湖峰畔、黄帝祠前，谨以三牲五谷、时果鲜花、钟鼓雅乐之奠，恭祭我人文初祖轩辕黄帝之祠宇，其文曰：

远古中华，天地洪荒；我祖降临，辉煌始创。

嘉名轩辕，睿智刚强；奋其神武，一统天下。

百官以正，黎民以化；继天立极，拓土开疆。

乃播五谷，养蚕种桑；舟车指南，服牛驭马。

天文历算，内经岐黄；象形造字，文明传扬。

德被后世，泽及八方；轩辕吾祖，天下景仰！

物换星移，时空茫茫；五千余载，寒来暑往。

世界风云，寰球暖凉；炎黄子孙，历尽沧桑。

中华崛起，改革开放；神州大地，举国欢畅。

经济腾飞，物阜民康；政通人和，武盛文昌。

清政廉政，整肃纪纲；多党合作，政治协商。

一国两制，人心所向；民族团结，华夏隆昌！

陕北黄陵，陵庙轩昂；浙南缙云，祠宇重光。

北陵南祠，世代呈祥；圣祖陵宇，子孙向往。

五九同日，惠风和畅；千年一遇，凤集龙翔。

鼎湖激浪，好溪流芳；炎黄子孙，共祭心香。

昆仑黄河，泰山长江；俊彩星驰，景耀东方。

佑我中华，虎步龙骧；高歌猛进，再创辉煌！

祭祀告成，伏维尚飨！

（缙云　项一中　敬撰）

庚辰年（2000）重阳缙云各界祭轩辕黄帝文

惟公元二〇〇〇年十月六日，岁次庚辰，序属三秋，节届重阳，钟鼓锵尔和鸣，黄花灿兮吐芳。中共缙云县委、县人大、县政府、县政协暨各界代表、台胞侨胞，欢聚仙都鼎湖峰畔、黄帝祠前，敬备雅乐，高举霞觞，奠以花果，致祭于中华始祖轩辕黄帝，曰：

赫赫始祖，圣德神功。华夏春秋，谱史册宏篇之首；黄土大块，遗厚利生民之德。功开天地，奠民族之丕基；道启洪荒，为文明之肇始。帝德荡荡，民莫能名；岁月悠悠，苗裔绵延。独峰巍然，但凭天地造化神功；好溪蜿蜒，信是始祖功德永恒。吾祖氏曰缙云，隆德于兹；旌旗一去，独有片云崔嵬。瞻望北陵，景仰南祠；天吐瑞气，地呈祥图。孝以追远，恭惟慎终；乃继乃承，唯有奋进。缅怀创业之耿光大烈，我后人孰敢不力排艰险，夙夜勤勉以自坚。世纪之交重任在肩，切莫等闲；立马扬鞭，续写新篇。山高水长，东方巨龙翼翼然翱翔九霄；继往开来，炎黄子孙勃勃乎携手图强。所冀一德同心，恢弘祖烈，是用殚诚肃志，瞻对威灵。祭祀大成，伏维尚飨。

（缙云 钭秀千 敬撰）

辛巳年（2001）重阳缙云各界祭轩辕黄帝文

惟公元二〇〇一年，岁次辛巳，时十月二十五日。序属三秋，节届重九，枫红菊黄，金风送爽。中国缙云县委、县人大、县政府、县政协暨各界代表、台胞侨胞，欢聚苍龙峡口黄帝祠宇之前，谨具香花美酒，钟鼓雅乐，竭其虔诚，祭我中华民族人文高祖轩辕黄帝尊前，曰：

莽莽昆仑，欧亚之东。玉龙飞越，祥瑞积中。

电绕北斗，少典有熊。修德振兵，百神附拥。

阪泉兴亡，山河一统。法天则地，华夏开宗。

合宫作邑，劝稼桑农。土德云瑞，鸿爪传颂。

东至泰岱，西登空桐。北逐荤粥，南入湘熊。

缙云山深，石帆来风。五老昂首，饭甑烟浓。

昆仑玉柱，高入云空。丹穴旁起，好溪下融。

车辙马迹，龙须仙踪。衣冠桥山，鼎湖云堂。

北陵南祠，千古流芳。文功武治，口耳相传。

吾祖伟业，恩披瀛寰。

世界文明，唯有我先。神州一体，百世延绵。

泱泱大国，万邦羡艳。翻思往事，悲欢有间。

分而不裂，合而有别。凝聚之力，亘古不竭。

当今华夏，气象万千。伟人治国，尧日舜天。

三个代表，远瞩高瞻。与时俱进，超越前贤。

统一大势，破浪向前。宏伟蓝图，光辉再展。

伟大祖国，前程灿烂。昭告我祖，实鉴临之。

皇天后土，尚飨！

（缙云 王达钦 敬撰）

壬午年（2002）重阳缙云各界祭轩辕黄帝文

惟公元二〇〇二年十月十四日，秋高气爽，节届重阳，不是春光，胜似春光。时值仙都旅游文化节，缙云县社会各界，谨以牲醴果品雅乐，致祭于我中华民族始祖轩辕黄帝之祠，曰：

大哉轩辕，生而神灵，长而敦敏，成而聪明。万民拥戴，修德振兵，征伐乱逆，四方以宁。画野分土，举贤任能，周行天下，苦心劳形。文字始制，宫室始兴，舟车始造，律吕始成。甲子始作，历法始行，教民蚕桑，女织男耕。开邦国之初基，肇华夏之文明，功并日月，泽被寰瀛，威名显赫，历万世而芳馨。

我文明古国，代多豪英，晚清以降，外祸频仍。多难兴邦，否极运

亨。改革开放，致力振兴。百业兴盛，万物丰盈。三个代表旗帜，与时俱进；两个文明建设，龙腾虎跃。科教兴国，展现代化之宏图；反腐倡廉，察亿万民之心声。诚然国泰民安，四海升平。信乎海峡两岸，同胞手足，和平统一，势在必成！

巍巍祠宇，毓秀钟灵。始祖飞升于斯，缙云由此生辉，工业强县战略推动，经济发展突飞猛进，城市建设日新月异，精神文明光彩耀人。凡我裔孙，遐迩系情，长仰盛德，永尊典型。继往开来，共奔高度文明之理想前程。无尽之豪情喜气，谨以告慰于我中华民族人文始祖轩辕黄帝之赫赫威灵。伏维尚飨！

（缙云 尹继善 敬撰）

癸未年（2003）重阳缙云各界祭轩辕黄帝文

惟二〇〇三年十月四日，岁次癸未，序属三秋，节届重阳。值金风送爽、百谷登场，缙云县社会各界代表以及台湾同胞、海外侨胞及全县四十三万人民群众，在国家重点风景名胜区、国家首批AAAA级旅游区仙都的核心——苍龙峡口黄帝祠宇，谨以三牲五谷、秋果鲜花、醇香醴酒和钟鼓雅乐，恭祭我中华民族人文始祖轩辕黄帝，文曰：

伏维吾祖，姓公孙，名轩辕，号有熊，氏系缙云：治五气，艺五种，抚万民，以安四方。聚阪泉，昆季相逢一笑泯恩仇；会涿鹿，龙虎争雄三战定乾坤。启文明，创华夏五千年之国体；垂大道，立神州数百世之正气。其功贯日月,恩泽被九州。

吾祖神哉!始发迹于寿丘,爰采于襄野。雕鹖鹰鹯为旗帜,熊罴虎豹为前驱。或天游于华胥,或假息于南都。留衣冠于桥山,遗须髯于鼎湖。亘千秋而永在,垂万世而传颂。

吾邑圣哉!星分斗牛,地接瓯越。导洞宫而脉延天台,育三江而势通东海,引处士而会婺女,控括苍而疏丽水。竖玉柱,千里环抱展轩皇缙云之墟;觞百神,五方得位成群仙高会之地。

喜今日圣人当国,治世精英;温文尔雅,敬贤扶贫,宏图新展,与时俱进。众望所向,天下归心。战风浪,潮头昂立;斗奸滑,巧用恩威。擒恶魔,全国一体;兴大业,千年不悔。吾中华腾飞在即,统一必成,告慰圣祖。

伏维尚飨!

（缙云 王达钦 敬撰）

甲申年（2004）重阳缙云各界祭轩辕黄帝文

惟公元二〇〇四年十月二十二日,岁次甲申,序属三秋,节届重阳,金风送爽,丹桂飘香。中共缙云县委、县人大、县政府、县政协、台湾同胞、海外侨胞及全县四十三万人民,会聚黄帝祠前,谨以钟鼓雅乐、三牲五谷、鲜花美酒,恭祭我人文初祖轩辕黄帝,其词曰:

伟哉黄帝,生而神灵,长而敦敏,成而聪明。感诸侯之为乱,悯

百姓遭蹂躏。修德振兵，阪泉涿鹿用武，六合一统；披山通道，东西南北怀柔，四海同亲。树艺五谷，黎民乐生；广施教化，万众归心。殚精竭虑，居无宁日。奠泱泱九州之国基，龙脉初成；启绵绵华夏之文明，民族始兴。

周秦以降，爰及明清，内乱未艾，外患频仍。秉吾祖之精神，仰吾祖之威灵。炎黄儿女，自强不息保家园；民族精英，前赴后继谋太平。多难兴邦，龙脉永承；东方古国，历久弥新。大哉黄帝，德被万世，泽及八方，功延至今。

寒来暑往，物换星移。共产党人，执政为民；改革开放，勇谱新声。经济腾飞，国强民富；政通人和，举国欢欣。且喜东北工业重振，又闻西部开发方兴；才送神舟飞船载人升空，又见奥运健儿为国摘金。民族复兴，指日可待；统一伟业，大势已成。喜看神州大地，日新月异；展望祖国未来，前途光明。

吾邑缙云，黄帝所封；山川毓秀，人杰地灵。世纪曙光，普照大地；千年古城，焕然一新。开放兴县，敢为人先；工业强县，决策英明；生态立县，高屋建瓴。鼎湖峰下，莺歌燕舞；好溪两岸，捷报频频。三大战略，初见成效；再接再厉，高歌猛进。缙云人民，无愧时代，意气风发，继往开来。敢告吾祖，且候佳音。

祭典告成，伏维尚飨！

（丽水学院 杨俊才 敬撰）

乙酉年（2005）重阳缙云各界祭轩辕黄帝文

惟公元二〇〇五年九月初九，岁在乙酉，序属三秋，中共缙云县委、县人大常委会、县政府、县政协暨社会各界代表、台湾同胞、海外侨胞，齐聚鼎湖峰下、黄帝祠前，谨以三牲五谷、鲜花美酒之仪，公祭中华民族之始祖轩辕黄帝，其文曰：

赫赫我祖，东方之龙；轩辕其名，号曰有熊。

氏称缙云，睿智神勇；应天受命，克敌制凶。

止戈为武，诸侯宾从；始作制度，规矩百工。

蚕桑纺织，冠裳时缝；服牛乘马，致远负重。

披山通道，坦途如虹；举贤任能，物阜民丰。

礼乐造字，风雅传颂；开疆拓土，四海一统。

巍巍五岳，雄峙东方；浩浩江河，万里流香。

始祖基业，龙脉绵长；唐尧虞舜，选贤禅让。

夏禹商汤，江河浩荡；春秋圣哲，孔孟老庄。

秦皇汉武，伟烈辉煌；唐宗宋祖，器宇轩昂。

成吉思汗，雄视万邦；大明洪武，国势隆昌。

康乾盛世，君临天下；始祖圣德，伟业无疆！

煌煌祠宇，美奂美轮；渺渺独峰，龙气升腾。

神州大地，港澳台澎；炎黄子孙，相聚缙云。

告慰我祖，国运隆升；社会和谐，四海同春。

经济腾飞，歌舞升平；政通人和，朗朗乾坤。

高天厚土，始祖英魂；佑我华夏，金瓯天成。

古国千秋，如日初升；河清海晏，虎跃龙腾！

备礼洁诚，伏维尚飨。

（缙云 项一中 敬撰）

丙戌年（2006）重阳中国·仙都祭轩辕黄帝文

惟公元二〇〇六年十月三十日，岁在丙戌，序属三秋，节届重阳，丽水市人民政府、浙江省旅游局暨社会各界代表、港澳台胞、海外侨胞及市内外数万民众，齐聚苍龙峡口、黄帝祠前，谨以钟鼓雅乐、三牲五谷之奠，致祭吾中华始祖轩辕黄帝在天之灵。文曰：

伏维吾祖，公孙其姓，轩辕其名，号曰有熊，氏系缙云。生而卓荦，长而聪颖，成而圣明，归而神灵。

逞睿智，奋神武，修德振兵，艾蚩豪猾，九夷向风臣服，万岁声振林木；劝农桑，艺五谷，拯艰息疲，休养生息，百姓安居王土，四海共享清平。云瑞受命，神化宜民。垂衣而治，苦心劳形。立政立言，礼乐始兴。治五气生生之根本，开万世无穷之寿域；奠九州昌盛之国祚，启华夏缅邈之文明。帝德广连，乃圣乃神，乃武乃文，似云山雾海莫测高深；帝脉绵延，亦唐亦宋，亦明亦清，如长江黄河奔流至今。忆往昔，汉唐盛世，政通人和，万国衣冠来仪；看今朝，人民当家，和谐发展，前程辉煌灿烂；盼未来，民族复兴，祖国统一，子孙笑傲人寰！

吾市丽水，古曰处州。市辖九县，缙云其一。境内独峰巍然，玄宗赐名仙都。好溪蜿蜒其下，信是始祖功德永恒；鼎湖缥缈其上，相传吾皇乘龙飞升。孝以追远，恭维慎终。微职不才，片言难表敬畏之心；亿民同声，恭祈吾祖英灵永存！恪遵祀典，仰答神休。兹因西成，敬陈常荐。

祭奠告成，伏维尚飨！

（丽水学院 吕立汉 敬撰）

丁亥年（2007）重阳缙云各界祭轩辕黄帝文

惟公元二〇〇七年十月十九日，岁次丁亥，序属重阳，金风送爽，丹桂飘香。缙云县社会各界代表、港澳台胞、海外华侨及市内外上万民众，齐聚苍龙峡口、黄帝祠前，谨以钟鼓雅乐、三牲五谷、果品醴酒，恭诚奉祭吾华夏元祖轩辕黄帝。辞曰：

伏惟吾祖，姓为公孙，少典之子，名曰轩辕。生而神灵，幼而徇齐，长而敦敏，成而聪奇。经纶草昧，毕生辛勤。竭虑殚精，厚生利民。挈妇蚕桑，艺谷教农，始制冠裳，兴筑室宫。肇启人纪，规矩百工，初定历法，文字启蒙。戡暴定乱，诸侯咸从，协和百族，广庇万方。奠赤县之丕基，启华夏分文明。

人文初祖，允文允武，功贯日月，彪炳千秋。神功圣德，昆裔袭传，典制鸿规，世代绵延。唐尧虞舜，禅让能贤。秦皇汉武，疆宇靖梦。唐宗宋祖，习武修文。明清以降，内忧外患，列强侵凌，社稷罹难。多难兴邦，揭竿挥戈，驱逐强虏，鞠夷妖魔。改革开放，百废俱兴。科学发展，强国富民。以人为本，关注民生，政通人和，共奔小康。喜庆中共十七大，笑迎明年新奥运，恢宏祖业，泽被寰瀛。

今日丽水，古名处州，少微分野，山川毓秀。缙云仙都，鼎湖柱峰，元祖炼丹，乘龙飞升。东晋建堂，唐改祠宇，益昌文脉，光茂先祖。时逢盛世，溪畔祠前，心香万炷，虔诚陈情，秉承懿德，精神永擎，永祀圣颜，告慰先灵。

祭奠大成，伏惟尚飨！

（丽水学院　赵治中　敬撰）

戊子年（2008）重阳缙云各界祭轩辕黄帝文

惟公元二〇〇八年九月初九，岁在戊子，节届重阳，序属三秋，枫红菊黄，中共缙云县委、县人大、县政府、县政协暨社会各界代表、台湾同胞、海外侨胞，齐聚鼎湖峰下、黄帝祠前，谨以三牲五谷、鲜花美酒、钟鼓雅乐之仪，共祭中华民族之始祖轩辕黄帝，其辞曰：

大哉吾皇，道启洪荒。氏曰缙云，大德无疆。
雄才伟略，创国立邦。发明制作，利及天下。
教民农耕，五谷为粮。劝妇养蚕，制衣作裳。
避雨遮风，筑室造房。披山通道，服牛乘马。
象形创字，文明传扬。礼仪法度，内外有常。
修仁用智，威仪八方。丰功伟烈，百族共仰。

伟哉华夏，日出东方，地灵人杰，脉承炎黄。
汉有蔡伦，奇智妙想，造纸为书，文采流长。
宋出毕昇，活字印刷，天下首创，誉满西方。
指南之针，辨位指向，四海扬帆，乘风破浪。
火药之技，声振八方，揽月摘星，飞天桥梁。
四大发明，惠及天下，造福苍生，人类共享。

壮哉祠宇，又逢重阳。峰迎旭日，天清气朗。
国运升平，雄风浩荡。科学发展，物阜民康。
社会和谐，大道康庄。奥运鸟巢，凤舞龙翔。
神七问天，登月在望。滚滚黄河，浩浩长江。
巍巍五岳，渺渺南沙。年年此日，俎豆馨香。
祭吾始祖，佑我华夏。伟业中天，虎跃龙骧！

祭典告成，伏维尚飨。

（缙云 项一中 敬撰）

己丑年（2009）重阳丽水各界祭轩辕黄帝文

惟二〇〇九年岁次己丑，节逮重阳，丽水市人民政府暨社会各界人士，齐集于苍龙峡口，谨以钟鼓箫韶、三牲五谷之奠，敬祭于华夏元祖轩辕黄帝祠宇之前，其词曰：

巍巍缙云，仙都独尊。琼楼金阙，势压乾坤。伟哉黄帝，功高德尊。兆有熊，尚世德；名轩辕，姓公孙。凿鸿蒙而开人纪，拓区宇以立本根。建云师，监大小部落；主祭祀，总山川鬼神。立宝鼎，测天文历算；任俊杰，用风后贤人。请祝融为引路，亲征北水；登碧云之峰顶，尚记南巡。春秋代序，遵五行之变化；天地轮回，越生死之辕门。鼎湖佳处，白日飞升，鹤驾杳从天外度；玉宇天宫，丹房犹在，洞箫清向谷中闻。攀龙髯以洒泪，抱弓剑而销魂。马迁著史，以五帝为开篇；广成传道，施神机于无垠。

巍巍缙云，祠宇犹存。逮至有唐，贤令莅临。古篆雄奇，走龙蛇于光怪；金章神授，贯草木于云阴。想落笔之初时，吞云梦于胸次；纵神仙之才情，凌威势于昆仑。南宋鸿儒，爱独峰之山水；居留讲学，传性理之真淳。续绝学于往圣，存大道于灵心。出岫孤云，意气闲逸；盘旋忘返，碧涧修筠。上天台而寻旧路，留绛帐以对孤灯。实缙云之兆运，泽后世于斯人。烟雨峰头，邦人严奉祀事；鹧鸪声里，湖山回荡韶音。

巍巍缙云，造化功深。溪环叠嶂，草木常摇灵旗动；鹤唳重泉，雾露犹笼菡萏新。标临下国，仙都石激鼎湖浪；遥对桥山，春笋峰穿九霄云。浙南碧水，磨洗千年古剑；陕北黄陵，传承万世德馨；中原具茨，更铸华夏魄魂。众美同归于当代，山川毓秀于子孙。节逮重阳，缙民同奉三牲之奠；时逢盛世，神州犹沾始祖之恩。世纪维新，振千云之豪气；上下图强，见创业之殷勤。告成功于祭典，俟来日之佳音。伏惟尚飨！

（浙江大学 胡可先 敬撰）

庚寅年（2010）重阳缙云各界祭轩辕黄帝文

惟公元二〇一〇年九月初九，岁在庚寅，序属三秋，中共缙云县委、县人大、县政府、县政协以及社会各界代表、港澳台同胞、海外侨胞，齐聚鼎湖峰下、黄帝祠前，谨以三牲五谷、鲜花美酒之仪，共祭中华民族之始祖轩辕黄帝，其文曰：

巍巍神州，雄踞东方；始祖轩辕，道启洪荒。

继武神农，拓土开疆；应天受命，开来继往。

修德振兵，克暴制莽；修仁用智，恩泽遐荒。

厚生利民，百族同享；文明教化，惠风和畅。

继天立极，基奠华夏；丰功伟烈，土德称黄。

赫赫古国，疆辽域广；始祖厚德，泽被八方。

南疆北国，江山如画；东兔西鸟，龙脉绵长。

滔滔黄河，文明流淌；滚滚长江，九派通达。

伟哉昆仑，丰碑高昂；巍峨五岳，大德昭彰。

世界潮流，奔腾浩荡；和平崛起，天下景仰。

煌煌祖祠，天清气朗；缙云仙都，好溪流芳。

群山起舞，凤集龙翔；炎黄子孙，寻根仙乡。

好溪之畔，群贤毕至；鼎湖峰下，紫气祥光。

遥忆始祖，大德昭彰；心香一炷，佑我中华。

子孙绵延，国运隆昌；日升月恒，万载无疆！

备礼洁诚，伏维尚飨！

（缙云 项一中 敬撰）

辛卯年（2011）重阳缙云各界祭轩辕黄帝文

惟公元2011年10月5日，岁在辛卯，节届重阳，序属仲秋，枫红菊黄。缙云社会各界代表、港澳台同胞、海外侨胞代表，齐聚鼎湖峰下、黄帝祠前，谨以三牲五谷、鲜花美酒、钟鼓雅乐之仪，共祭我中华民族之始祖轩辕黄帝。其文曰：

莽莽神州，古国文明；地大物博，人杰地灵。

轩辕吾祖，长而敦敏；继天立极，奉天承运。

克凶制暴，修德振兵；止戈为武，玉宇廓清。

诸侯咸从，万邦咸宁；殚精竭虑，开创文明。

功垂万世，泽被生民；大德无疆，天下归心。

华夏一统，四海承平；安抚不顺，吾祖南巡。

驾临浙中，恍入仙境；神山缥缈，雾霭氤氲。

一柱擎天，独峰插云；好溪九曲，浪碧波清。

荆山取砂，峡谷铸鼎；丹灶飞珠，灿若日星。

金龙忽降，伏首而迎；吾祖乘龙，飘然入云。

始祖仙逝，万民悲悯；山中建堂，号曰缙云。

唐改祠宇，玄宗赐名；宋号玉虚，英宗治平。

元代住持，恩赐五品；明袭旧祭，衰落于清。

戊寅重建，辛卯有庆；轩辕祭典，国遗立名。

今日祭祖，佑我生民；国运升腾，普天同庆！

祭典告成，伏维尚飨！

（缙云 项一中 敬撰）

壬辰年（2012）重阳缙云各界祭轩辕黄帝文

惟公元2012年，岁在壬辰，节届重阳，秋高气爽，枫红菊黄。中共缙云县委、县人大、县政府、县政协以及社会各界代表、港澳台胞代表，齐聚鼎湖峰下、黄帝祠前，谨以三牲五谷、鲜花醴酒、歌舞雅乐之奠，虔诚告祭我始祖轩辕黄帝之灵。其辞曰：

古国神州，世界之东；人杰地灵，天宝物丰。

始祖轩辕，东方之龙；姓曰公孙，名曰有熊。

又号缙云，英武神勇；修德振兵，诸侯宾从。

擒杀蚩尤，克暴除凶；阪泉三战，继武神农。

民尊黄帝，九州称颂；继天立极，天下一统。

吾邑缙云，位居浙中；山川秀美，绿野葱茏。

擎天一柱，鼎湖奇峰；好溪九曲，滔滔向东。

黄帝南巡，浩然雄风；铸鼎炼丹，缙云山中。

九转丹成，祥云彩虹；神龙伏首，轩辕乘龙。

百姓呼号，群臣相送；吾祖告别，隐没苍穹。

春去秋来，逝水如风；华夏大地，昌盛繁荣。

和平崛起，万邦传诵；炎黄子孙，数典归宗。

壬辰之岁，人和政通；重阳秋高，天蓝叶红。

群贤毕至，摩肩接踵；告祭始祖，伟业丰功。

佑我华夏，国泰民雄；龙腾四海，再登高峰。

大礼将成，伏维尚飨！

（缙云 项一中 敬撰）

癸巳年（2013）重阳丽水各界祭祀轩辕黄帝文

惟公元二〇一三年，岁次癸巳，节届重阳，云光丽辉，岩泽昭采，嘉祥爰孚，道风遐被。浙江省政协、省委统战部、省侨办，中共丽水市委、市政府、市政协，中共嘉兴市委，缙云县委、县人大、县政府、县政协，陕西省黄陵县政协、河南省新郑市人民政府、海南省屯昌县政协、全国台湾同胞企业联合会，以及台胞侨胞、社会各界，会聚于仙都苍龙峡口、黄帝祠前，谨以鲜花雅乐、素果醪浆之仪，公祭我人文初祖轩辕黄帝，其辞曰：

少典之子，公孙轩辕；生而神异，成而聪明。

修德振兵，万邦绥和；夏官缙云，黎民时雍。

濬哲文明，光被四表；利用厚生，辑睦九州。

仰观俯察，神谟英冠；盛德大业，氤氲配天。

括苍凝翠，好溪清扬；湍流亘地，峰岭倚天。

谢客山居，乐缙云之馆衢；阳冰古篆，扫仙都之碎玉。

法华尊者，还原浑沦圆具；一念三千，紫云如盖。

麟德光庭，栖心妙域之内；见素抱朴，知白守黑。

出岫孤云，弥节性理之间；道通天地，思入风云。

鼎峰崔嵬，云蒸霞蔚；晓霜松雾，林叶初黄。

雕锦绣之华光，开万世之运兆。

运机转动，国家康泰；龙跃天衢，振翼云汉。

英才秀发，望青云而摄衣；经纬之气，仰高天而长啸。

科学发展，政通人和；和谐社会，俭以养德。

梦想中国，驾苍龙而翱翔，磅礴五岳，凌绝江河，

臻民族于复兴，进世界于大同。

大礼告成，伏惟尚飨。

（杭州师范大学国学院副院长　范立舟　敬撰）

甲午年（2014）重阳缙云各界祭祀轩辕黄帝文

惟岁次甲午九月初九，公历二〇一四年十一月一日，秋高气爽，丹桂飘香，芙蓉绽放。缙云社会各界代表、侨台胞代表，齐聚鼎湖峰下、黄帝祠前，谨以四海华胄之名，恭奉三牲五谷、山珍果品、鲜花醴酒、歌舞雅乐之仪，告祭我始祖轩辕黄帝，辞曰：

赫赫始祖，号曰缙云；生而神灵，长而敦敏。

启迪蒙昧，开辟蛮荒；部族相侵，百姓蒙殃。

修德振兵，除暴安良；涿鹿阪泉，千载流芳。

诸侯来朝，民心所向；五云九州，治国安邦。

制定甲子，阴阳五行；倡教农耕，五谷满仓。

舟车指南，引重致远；植桑养蚕，始垂衣裳。

岐雷内经，命寿体康；被山通道，淳化万方。

文字始创，建典立章；华夏文明，肇始轩黄。

山灵水秀，缙云括苍；谢公灵运，游记诵讲。

太白醉吟，挥毫泼墨；乐天诗篇，千古吟唱。

天台净土，智威少康；光庭弘道，晦翁传芳。

彩云仙乐，天宝祥瑞；玄宗赐名，仙都呈祥。

黄帝祠宇，百姓共仰；北陵南祠，天下传扬。

鼎湖崔嵬，好溪流觞；五水共治，丽色生光。

祭祖（李咸德 摄）

以法治国，民安国昌；惩治腐败，整肃纪纲。

缵承我祖，革新图强；和平共处，合作共享。

两岸三地，同族一家；唇齿相依，携手共创。

盛世中华，傲立东方；龙之苗裔，无愧轩黄。

巍巍华夏，龙脉永昌；仙都祭典，俎豆馨香。

祈祝中华，国运高扬。大礼告成，伏维尚飨！

（缙云 柯国明 敬撰）

癸未年（2003）清明缙云各界祭轩辕黄帝文

惟公元二〇〇三年，岁次癸未，节届清明。草熏风暖，春满人间。浙江省东方工具制造有限公司总经理田庆亮率全厂七百员工，与缙云县各界亲邻乡里、台胞侨胞一起，会聚于国家重点风景名胜区仙都苍龙峡口黄帝祠宇之前，谨以三牲五谷、时花仙果、醇酎春酒和钟鼓雅乐之奠，恭祭我五金之圣祖，百工之元宗，中华民族人文始祖轩辕黄帝之尊下，表我衷肠。曰：

吾祖伟哉！姓公孙名轩辕，号有熊亦缙云。生寿丘有土德之瑞，长姬水呈万脉之源。习用干戈征暴恶，德抚万民度四方。斗阪泉兄弟合而成拳，战涿鹿诸侯服而称臣。东至海岱，西涉崆峒；北逐荤粥，南登湘熊；鼎湖龙驭，缙云名重。恭思我祖，肇创维艰。百流同汇，万国以和。中华一统，功高日月。

　　吾族盛哉！倚昆仑坚为中，居神州壮为华。黑头发，黄皮肤，亲兄弟五十六，而今散居五大洲；有长江，有黄河，还有五湖四海，国土九百六，由来雄踞亚洲东。追往昔，时兴盛时衰落，生生不息，风动云合，时势造英雄；合而分，分而合，九牧根连，天下归心，山河总为一。看今朝精英治国，政通人和，国运最昌隆。"三个代表"，指引向前。要上九天揽月，要下五洋捉鳖，全面小康理想，有志终将成。这世界，不太平。风波涌，起风烟。我自主，稳如山。主持公道，伸张正义，德睦四邻，礼待万国。只争朝夕描锦绣，与时俱进图登天。

　　吾乡美哉！缙云墟，帝之乡。蟠吉地，飘莲花。圣祖铸鼎飞仙处，秀绝千古美名扬。当今更抖擞，川谷大变样。龙虎风云会，创业摆疆场。尔有幸，总吉祥。天心好，业正旺。八方英才聚，锻淬冶奇钢。东方工具利，火红销远方。四时捷报传，五云出太阳。愿圣祖，佑亮等，启大运，龙腾虎跃，奔向世界。去占领更大市场，去夺取更大辉煌！

　　伏维尚飨！

（缙云　王达钦　敬撰）

甲申年（2004）清明缙云县各界祭轩辕黄帝文

　　惟公元2004年，岁次甲申，春光明媚，和风日丽。浙江丽水天源旅游开发有限公司董事长项雄军代表旅居世界几十个国家的青田籍华侨华裔、台湾同胞和缙云各界代表一起，在国家重点风景名

胜区、国家首批AAAA级旅游区仙都苍龙峡口、黄帝祠宇前,谨以香花美酒、钟鼓雅乐,祭我中华民族人文初祖轩辕黄帝尊前,词曰:

你,是我们五千年来尊崇的旷世高祖,姓公孙,名轩辕,号有熊,氏缙云。为了开拓氏族空间,与炎姜一起联袂东迁,和好时有欢笑,争斗时有眼泪。在炎姜被蚩尤打得大败的危急关头,不计前嫌,携手抗敌,奔赴涿鹿前线。联合熊罴虎豹,淳化鸟兽虫蛾,经九九八十一战,终于从失败走向胜利,实现亚洲东方大地上氏族的统一和融合。上泰岱而登极,代神农为黄帝。

圣祖有土端,以云纪官,置大监于左右,以恩威万国,委五云以重任,以抚四裔。改善衣食住行,发展农牧工矿,创造文字工具,开启华夏文明。劳勤心力耳目,披山通道,未尝宁居,升玉柱于仙都,遗衣冠于桥山,跨火龙而飞腾,传圣迹于万古。

黄帝子孙,华夏后裔,聪慧勤奋,自强不息。身生鹤乡,远翔海外,故土情重,心系轩黄。万里归来,要报梓桑,创办实业,继建祠堂。愿祖佑我,心想事成,旅游兴旺,仙都发达。

谨祭尚飨!

(缙云 王达钦 敬撰)

乙酉年(2005)清明缙云县各界祭轩辕黄帝文

惟公元二〇〇五年,岁次乙酉,节届清明,风和日丽,春满神州。

浙江欧利华房地产开发有限公司董事长胡建树率全体员工与缙云县社会各界代表、台胞侨胞一起，会聚国家重点风景名胜区、国家首批AAAA级旅游区仙都黄帝祠宇前，谨以三牲五谷、鲜花美酒、钟鼓雅乐，恭祭中华民族人文始祖轩辕黄帝之尊下，曰：

赫赫元祖，敦厚聪明。继武羲农，神州崛起。披荆斩棘，居无宁日。平定蚩尤，诸侯宾服。山河一统，万世千秋。树艺五谷，教民农桑。乃通舟车，乃作乐章。肇创文明，泽及八方。

皇皇元祖，造我华族。鼎湖炼丹，驭龙升天。始祖懿德，光大昭彰。今日华夏，劈浪扬帆。改革开放，国力愈强。社会稳定，物阜民康。祖国大统，势不可当。龙之传人，再创辉煌。

中外合资，欧利房产。海外游子，情系故乡。远道归来，缅怀先祖。虔敬祭拜，力量倍加。建设仙都，报之梓桑。愿祖佑我，事如我想。一德同心，携手图强。仙都旅游，谱写新章。

祭典告成，伏维尚飨。

（缙云 俞云初 敬撰）

丙戌年（2006）清明缙云各界祭轩辕黄帝文

惟公元二〇〇六年，岁次丙戌，时值清明，春阳煦煦，万木争荣，饮水思源，敬荐祖灵。奥中友协华人委员会荣誉主席、全球华人和平促进会理事郑同舟谨率海内外嘉宾、侨台乡胞、社会各界代表、仙都

父老乡亲等，敬具香花美酒、鲜果芳茗，致祭于我始祖轩辕黄帝之神灵，而祝之以文曰：

> 泱泱中华，巍巍黄帝，雄才伟略，征服四夷。
>
> 激扬人文，倡导耕绩，开拓统绪，奠定邦基。
>
> 功昭日月，德侔天地，北陵南祠，瞻依神驰。
>
> 历五千年，盛衰兴替，华胄奋发，履险蹈危。
>
> 艰苦卓绝，守城不堕，二十世纪，鼎新民主。
>
> 胜利解放，新中国始，政通人和，洗雪国耻。
>
> 社会主义，工农并举，改革开放，百业腾飞。
>
> 民奔小康，社会和谐，科学领先，前程万里。
>
> 缙云古邑，仙都名胜，轩辕黄帝，升天遗址。
>
> 旅游业兴，经济繁荣，文明双跻，五洲客攒。
>
> 侨台乡胞，共建桑梓，谨酹椒浆，灵其鉴祀。
>
> 佑我无疆，昊天曷止。伏维尚飨！

（缙云　丁立宪　敬撰）

丁亥年（2007）清明丽水各界祭轩辕黄帝文

惟公元二〇〇七年，岁次丁亥，时在清明。中国人民政治协商会议丽水市委员会偕中国·亚泰制革有限公司、浙江兴城房地产开发有限公司、浙江涛涛实业有限公司代表，与侨台同胞、各界代表会聚仙都，

谨具钟鼓雅乐、三牲五谷,致祭轩辕始祖于黄帝祠。敬祝以文曰:

皇皇元祖,青史垂芳。肇基华夏,天地玄黄。

开启人文,教化有方。生民懿德,毋敢相忘。

拯先民于蒙昧,制法度于洪荒。

遗千秋之博爱,历万世而永昌。

斗转星移,时空两茫。东方龙脉,山高水长。

炎黄子孙,励精自强。家和国泰,物阜民康。

守忠孝以睦邻里,劝耕读以育栋梁。

知廉耻而明远志,秉诚信以游四方。

赫赫轩辕,驾临仙乡。鼎湖献瑞,祠宇辉煌。

秀山丽水,五云呈祥。佑我创业,虎步龙骧。

求和谐而尊民意,思进取而纳贤良。

宅仁心以报桑梓,展宏图以强我邦!

谨以告慰,伏维尚飨!

(缙云 章建明 敬撰)

戊子年(2008)清明缙云各界祭轩辕黄帝文

惟公元二〇〇八年四月四日,岁在戊子,节届清明。缙云县社会各界、港澳台侨代表,齐聚仙都苍龙峡口黄帝祠前,谨以三牲五谷、钟鼓雅乐、时果醴酒,奉祭我人文始祖轩辕黄帝。辞曰:

阳春三月，莺飞草长。神州大地，溢彩流芳。

风和日丽，好雨时降。祭吾始祖，圣德难忘。

荆莽当年，道启洪荒。殚精竭虑，文明始创。

制暴戡乱，拓土开疆。诸侯宾从，一统八方。

继天立极，伟业辉煌。英明神武，奠基华夏。

厚德载物，春风浩荡。千秋一帝，泽被天下。

大哉吾祖，树茂根长。溯古思源，神驰意往。

自夏至商，巨鼎煌煌。西周东周，礼乐流芳。

战国七雄，春秋五霸。秦汉三国，虎跃龙骧。

魏晋及隋，并起豪强。盛哉大唐，雄视万邦。

宋元明清，风云激荡。抗争侵凌，金戈铁马。

改革开放，振兴中华。和平崛起，我武维扬。

幸哉仙都，独峰百丈；好溪九曲，十里画廊。

仙乐彩云，鼎湖烟浪；千秋祠宇，万世馨香。

神龙腾空，钟鼓绕梁；丰碑拔地，九州共仰。

港澳台侨，士农工商，祭祖寻根，共献心香。

祈我始祖，佑我华夏：科学发展，和谐小康；

春安夏泰，秋吉冬祥；国步腾龙，日新月强！

祭典告成，伏维尚飨！

（缙云 项一中 敬撰）

己丑年（2009）清明中国仙都海峡两岸共祭轩辕黄帝文

惟公元二○○九年清明，春光明媚，仙都凝翠。海峡两岸，炎黄儿女，会聚帝祠，钟鼓雅乐，三牲鲜花，奉祭始祖。文曰：

吾祖神灵，肇启文明；根脉延达，源远流长。

美德善举，与日同辉；惠遗万代，恩沐八方。

而今中华，民心共向；社会和谐，九州同芳。

世纪升平，物阜民康；科学发展，国运宏昌。

海峡咫尺，慈航通畅；蓝天云浅，翱翔开放。

龙之传人，同德同心；携手并肩，再创辉煌。

共祖同胞，会聚帝乡；慎终追远，敬献心香。

愿祖佑我，光大中华；虔诚奉告，伏惟尚飨！

（缙云 徐学献 敬撰）

庚寅年（2010）清明缙云各界祭轩辕黄帝文

惟公元二○一○年四月五日，草薰风暖，节届清明，百花吐香。丽水市政协与缙云县各界人士，在仙都苍龙峡口黄帝祠宇，谨以钟鼓雅乐、三牲五谷和时果鲜花之奠，致祭于我人文初祖轩辕黄帝尊

前，文曰：

伏维圣祖，轩辕其名；号曰有熊，氏系缙云。生而神灵，成而聪明；修德振兵，天下归心。播百谷，抚万民，土德之瑞，熊罴貔貅貙虎，踊跃出关化黄龙，战涿鹿而成大统；举四相，治五气，缙云之庆，夷戎越狄姬姜，欢心议政聚圣族，代神农而开华宗。筋神铸鼎，百神四封；龙驭千古，万邦传颂。

喜看今日，圣贤当国：高瞻远瞩，洞察四海风云；审时度势，把握时代航向。以人为本，建设和谐社会；科学发展，实现小康理想。

华夏儿女，奋发图强：抗风暴，搁争议，两岸联手同补金瓯缺；求双赢，三通顺，风云变幻更振民族魂。共克时艰，展现感天动地血肉情；经略山河，时传日新月强创新篇。

缙云之墟，祥云积中；启王登处，璠台春风。仙山奇秀，金溪下融。五乡兴腾气已旺，万家安乐势正红。黄帝祠宇，摩霄穹崇。护鼎儿女，万代感通。

大礼告成，伏维尚飨！

（缙云　王达钦　敬撰）

辛卯年（2011）清明缙云各界祭轩辕黄帝文

惟公元2011年4月5日，岁在辛卯，时值清明，中国人民政治协商会议缙云县委员会暨缙云社会各界代表、港澳台同胞、海外侨胞代表，齐聚鼎湖峰下、黄帝祠前，谨以三牲五谷、鲜花美酒之仪，共祭中华民族之始祖轩辕黄帝。其文曰：

我祖黄帝，号曰缙云；顺天用命，制暴振兵。

诸侯咸从，修德抚民；发明创造，灿若繁星：

蒸谷为饭，烧泥作甄；制衣作冕，养蚕西陵。

伐木作屋，风歇雨停；牛车舟楫，水陆兼行。

仓颉作书，伶伦造磬；雷公岐伯，外术内经。

物阜民康，天下大定；华夏初成，脉延至今！

遥想当年，始祖南巡；仙峰指路，驾临缙云。

群兽起舞，百鸟争迎；黄帝驻跸，炼丹铸鼎。

龙驭始祖，升天而行；龙须化草，郁郁青青。

缙云建堂，祭祖神灵；天宝七年，独峰彩云。

山呼万岁，仙乐齐鸣；群仙荟萃，黄帝如临。

玄宗闻奏，叹称仙境；赐名祠宇，震古烁今！

辛卯之春，时届清明；云呈五色，瑞霭氤氲。

惠风和畅，绿草铺茵；子孙同聚，好溪之滨。

同怀始祖，鼎湖乘龙；祭我始祖，乃圣乃灵。

无远不届，佑我生民；海内海外，一德同心。

祈我始祖，护我国运；和平崛起，华夏勃兴。

古国神州，月异日新；金瓯重整，玉宇澄清！

备礼洁诚，伏维尚飨。

（缙云 项一中 敬撰）

壬辰年（2012）清明缙云各界祭轩辕黄帝文

惟公元二〇一二年，岁次壬辰，节届清明，春回大地，万物竞荣。缙云县社会各界代表共聚苍龙峡口、黄帝祠前，谨以三牲五谷、时果鲜花、钟磬雅乐，缅怀人文始祖，禘祀轩辕黄帝。文曰：

赫赫始祖，勋德无疆。远古华夏，天地洪荒。

诸侯侵伐，百姓遭殃。我祖轩辕，睿智勇刚。

修德振兵，拓土开疆。百族归心，四海一家。

仁义道德，定国安邦。算数历法，律吕岐黄。

六书制作，文字典章。舟车指南，五谷蚕桑。

发明创造，功盈天壤。开辟鸿蒙，日月同光。

黄帝垂拱，天下太平。欲求长生，永抚万民。

膝行崆峒，问道广成。御驾四方，南巡缙云。

好溪九曲，天柱凌云。步虚缥缈，龙峡秀蕴。

五云呈祥，君臣驻跸。孤石之巅，高置神鼎。

九转百炼，金丹成矣。鹤舞鸾翔，云螭天降。

轩辕驭龙，升仙太苍。养生修真，鼎湖名扬。

巍巍中华，改革开放。科学发展，经济隆昌。

文化繁荣，民生保障。政通人和，社会安祥。

祖国一统，大势所向。民富国强，大道康庄。

帝祠焕彩，仙都腾瑞。一片丹心，万炷馨香。

祈吾元祖，佑我家邦。日升月恒，祥和无疆。

继往开来，奋发图强。子孙万代，永续辉煌！

大礼共襄，伏维尚飨！

（缙云　麻松亘　敬撰）

癸巳年（2013）清明丽水各界祭轩辕黄帝文

惟公元二〇一三年四月四日，岁在癸巳，节届清明，草熏风暖，禹甸回春。政协丽水市委员会暨丽水市社会各界代表、台湾同胞、海外侨胞，会聚鼎湖峰下、黄帝祠前，谨备钟鼓雅乐、三牲五谷、鲜花美酒，恭祭我中华民族人文初祖轩辕黄帝，其文曰：

赫赫我祖，号曰黄帝；公孙为姓，轩辕其名。

降于寿丘，长于姬水；生而神灵，成而聪明。

遭逢衰世，诸侯暴虐；心念黎庶，修德振兵。

阪泉三战，炎帝归服；涿鹿一役，蚩尤纳命。

开疆拓土，整顿乾坤；举贤任能，玉宇澄清。

艺植五谷，物阜民安；四海一统，华夏勃兴。

伟哉我祖，继天立极；缔造中华，龙脉绵长。

秦汉晋唐，代有贤良；宋元明清，屡创辉煌。

文景之治，百姓安康；贞观盛世，万邦崇仰。

汉武雄才，威震四方；唐宗大略，名扬八荒。

炎黄子孙，前承后继；中华儿女，奋发图强。

滚滚黄河，滔滔长江；始祖伟业，万古流芳。

尊崇始祖，爱国之基；轩辕祠宇，华人共仰。

节届清明，万民致祭；慰我祖魂，诵我华章。

科学发展，坚定不移；倡导和谐，纲举目张。

新老交接，继往开来；举国振奋，斗志昂扬。

党心民心，万众一心；宏伟蓝图，全面小康。

括山巍巍，好溪泱泱；中华民族，万寿无疆。

祭礼告成，伏维尚飨！

（丽水学院　杨俊才　敬撰）

甲午年（2014）清明缙云各界祭轩辕黄帝文

惟公元二〇一四年，岁逢甲午，节届清明，春暖花开，万物争荣。缙云社会各界人士共聚仙都黄帝祠前，高奏钟鼓雅乐，敬献醴酒香花，谨祭人文始祖轩辕黄帝，文曰：

赫赫始祖，睿智神明。勋垂奕世，继天立极。

启肇农耕，始运五行。造文纪事，开蒙承训。

文德武功，万众归心。戡暴定乱，宇内绥宁。

奠基华夏，百族盛兴。清明之治，迈古铄今。

唯力是奉，秉此懿行。功盈天壤，千秋颂吟。

煌煌帝祠，毓秀钟灵。九曲练溪，霄汉铁城。

初旸漱石，蟠龙耕云。天降祥瑞，帝辇南巡。

笙簧迭奏，水陆毕陈。龙峡鹤舞，步虚希声。

独峰置鼎，炼火修真。驭龙升天，鼎湖沸腾。

帝乡仙都，披彩流金。洞天福地，四海扬名。

巍巍中华，万里鹏程。中国之梦，富民强兵。

祖国一统，两岸和声。经济繁荣，文化昌盛。

和谐发展，改善民生。绿色家园，小康美景。

党政廉洁，气正风清。励精图治，民族复兴。

伏望元祖，拳拳服膺。佑我家邦，万代升平。

馨香上荐，神其降止。尚飨！

（缙云　赵祝亮　敬撰）

[肆]黄帝祠宇之楹联

　　清末，玉虚宫在风雨飘摇中坍塌后，原本各大殿中的巨型贴金匾额和名家楹联全部粉身碎骨，压在断壁残垣之下。1998 年重建黄帝祠宇时，除在挖开的遗址中发现大量的柱础、础石、破砖、兽瓦外，未能找到任何木质匾额、楹联的遗存，珍贵的匾额楹联内容就此荡然无存。

　　2006年3月，黄帝祠宇二期工程全部竣工。为使这个承载着中国南方黄帝文化的宏伟建筑群内涵更加丰富，浙江大学历史系、中文系，浙江省历史学会，浙江省楹联诗词学会与缙云县风景旅游局联合，共同举办了"黄帝祠宇海内外大征联"活动。

　　在短短一个半月时间内，黄帝祠宇就收到了来自全国各省、自治区、直辖市，港、澳、台以及新加坡、马来西亚、美国、加拿大等国家和地区3500多人的18000余首楹联，充分体现了中华儿女对轩辕黄帝无限崇敬之情怀。来自浙江大学和省楹联诗词学会的评委们经过严格评选，从获奖作品中精选出123首佳作，并邀西泠印社著名书法家书写，缙云艺术家陈慧珠女士设计制作成木刻贴金楹联，悬挂于黄帝祠宇内。

为让这些宝贵的楹联内容不再重蹈覆辙而步前朝后尘，现将黄帝祠宇内的主要楹联选载于此。

黄帝祠宇宫门

黄钟大吕丰碑　祠雄南北

帝业鸿图华夏　宇冠古今

（浙江缙云　项一中　敬撰）

拓土开疆　大海于斯常叹小

经天纬地　高山至此不称尊

（辽宁义县　周绍辉　敬撰）

轩辕殿

天授神符地贻宝鼎招鸾凤麒麟以翔四野　在位百年存至道

治身紫府问政青丘并黟山匡阜而号三都　垂名万古即长生

（浙江杭州　吴亚卿　敬撰）

元祖修武修文四方归一统

后生唯心唯物万脉溯同源

（浙江缙云　尹继善　敬撰）

亿万年混沌期止于盘古

五千载文明史始自轩辕

（甘肃玉门　苏纪利　敬撰）

文字奇图官室舟车衣冠货币　华夏文明始祖

医经律吕阴阳历数器皿蚕桑　轩辕土德至尊

（美国　高威廉　敬撰）

怀祖堂

骨肉同根　万代宗源十四姓

山河错落　九州脉系一条龙

（湖北武汉　陈鹏　敬撰）

一柱擎天　黄帝乘龙去

千秋祭祖　仙都迎客来

（浙江缙云　方向荣　敬撰）

缙云堂

神龙腾空　何分人间天上

仙乐动地　勿论北陵南祠

（陕西富平　李问圃　敬撰）

天下几君王　得民心者得天下

英雄造时势　为德政之为英雄

（广东佛山　杨玉鉴　敬撰）

问鼎定鼎　金戈铁马武略文韬　经几度春秋英雄安在

载舟覆舟　治乱分合桑田沧海　历数番风雨史册犹存

（浙江缙云　项一中　敬撰）

腾龙阁

上界下界尽归眼界

风声雨声皆是心声

（湖南益阳　刘松山　敬撰）

阅万卷中华史

祭千秋黄帝祠

（浙江缙云　李祖荣　敬撰）

游龙轩

入此楼　览五千年历史

登斯殿　收九万里河山

（江苏扬州　符学文　敬撰）

千秋岭一练溪同怀黄帝飞天圣事

四海风九霄雨共赏仙都如画奇观

（浙江缙云　施子江　敬撰）

钟　楼

缥缈云山归帝影

巍峨祠宇荡仙声

（辽宁平县　杨晓雁　敬撰）

钟鼓激越自有五音七律

丝竹绕梁岂知百代千秋

（山东枣庄　李修乾　敬撰）

鼓　楼

古声今声钟声一錾

山色水色秀色千般

　　　　（浙江缙云　施子江　敬撰）

有龙自鼎湖飞去

闻乐从远古传来

　　　　（浙江兰溪　金震欧　敬撰）

祠宇长廊

乘龙黄帝升天去

驾鹤仙人缘溪来

　　　　（北京　邹列强　敬撰）

轩辕龙驭鼎湖升烟浪

华夏鹏飞好水尽流芳

　　　　（浙江缙云　王达钦　敬撰）

上下五千年人文鼎盛

纵横九万里大德长馨

　　　　（上海　戚万丰　敬撰）

竟至最初祖殿

始知第一龙楼

（马来西亚　林声耀　敬撰）

继天立极基奠华夏

震古烁今泽披生民

（浙江缙云　王凯朝　敬撰）

明月千江　海外他山石

浮云万里　天涯此处家

（香港　高文富　敬撰）

一柱擎天黄帝乘龙去

千秋祭祖仙都迎客来

（浙江缙云　方向荣　敬撰）

水秀峰奇神仙境

琼楼玉宇黄帝祠

（浙江缙云　麻松亘　敬撰）

对姓联宗了然一目

寻根问祖尽在全图

（四川宜宾　陈开益　敬撰）

祠宇千秋纪帝业

鼎湖万仞竖丰碑

（浙江缙云　钭晓鹤　敬撰）

姓氏百家谱续赵钱孙李

炎黄一脉根延南北西东

　　　　　　　（河北　张戬　敬撰）

五洲建业尽显神龙本色

四海思源皆为华夏传人

　　　　　　　（加拿大　管葆彤　敬撰）

进去查查谱虔诚默念先贤德

出来拍拍胸慷慨欲追天下雄

　　　　　　　（浙江缙云　施子江　敬撰）

千古炎黄千古盛

百家姓氏百家兴

　　　　　　　（内蒙古　贺成元　敬撰）

北雪融春　春晖始祖陵

南风化雨　雨露人文祠

　　　　　　　（浙江缙云　周子琴　敬撰）

隔山隔水难隔祖

连根连脉还连心

　　　　　　　（新疆　郎光汝　敬撰）

山川有幸环祠宇

风月无边醉缙云

　　　　　　　（青海西宁　吴之恒　敬撰）

古往今来皆仰始祖

南腔北调都是传人

（澳门　周成胜　敬撰）

鼎湖龙舞喜马拉雅

初祖祠晖雪域高原

（西藏　项笑天　敬撰）

海角云游难忘仙都水

天涯浪迹犹念始祖情

（海南　曾省吾　敬撰）

化龙亭

古祠雅客居客雅祠古

石笋遗丹处丹遗笋石

（浙江缙云　章建明　敬撰）

古松古柏古祠祠最古

仙山仙水仙都都是仙

（浙江缙云　俞云初　敬撰）

驭龙亭

层林侧耳聆仙语

万岳低头拜鼎湖

（北京　李忠　敬撰）

好溪水远轩辕祠古

阿里花红日月情深

（台湾台北　陈中兰　敬撰）

好溪泻千里溶丽水注青田通江汇海

孤石凌九霄炼金丹卧黄龙驾帝升天

（浙江缙云　朱小梅　敬撰）

龙影亭

汲水炼丹留帝影

入亭观井伴龙魂

（浙江缙云　周启华　敬撰）

看溪水流花瞬间旦暮

听渔樵把酒上下千年

（浙江杭州　方慧文　敬撰）

朝祖亭

恩泽九州轩辕开地利

德被万世嫘祖赐民衣

（浙江　吕美娥　敬撰）

北陵南祠寻根地

新郑盐亭问祖乡

（浙江缙云　俞云初　敬撰）

仰止亭

好溪九曲九溪好

奇峰万仞万峰奇

鼎留仙聚仙留鼎

龙驭帝飞帝驭龙

（浙江缙云　项一中　敬撰）

[伍]缙云民间故事

1.鼎湖峰与金莲花

相传黄帝打败蚩尤后，一统天下，开始主政。他命令大挠制定甲子，容成制作历书，这一年就被确定为甲子年。

为了安定天下，黄帝天南地北到处巡游。这一天，他来到南方一条清澈见底的溪畔，看到一座拔地擎天的奇峰，感到阳刚之气奔涌而来。他立即决定，在此铸鼎炼丹。

炼到九九八十一天时，金鼎中飘出香气，黄帝知道金丹已经炼成。他揭开鼎盖，一道长虹冲天而起，成千上万的百姓看见了，纷纷从四面八方拥来，就连天上的各路神仙也都腾云驾雾，赶来观赏。一时间，大地开百花，长空悬彩虹，仙鹿衔灵芝，莺歌伴鹤舞，猿猴献蟠桃，仙女展歌喉！

忽然，半空里飘来朵朵五彩祥云，云开处一条火鳞金甲、红光闪烁的赤色巨龙徐徐降落。它把龙头搁在宝鼎上，胡须挂到地面，而龙身仍在半空中晃来荡去。

这时候，弦停歌休，舞止声寂，所有的珍禽异兽、神仙百姓都盯着这条神龙看。黄帝见了，心知神龙是来接自己升天的。于是，他脚踩五彩祥云，跨上龙背，徐徐升向天空。

百姓这才恍然大悟，知道黄帝要升天了，大家都想跟着他一起骑龙升天，就争先恐后地赶过来。他们有的拉住黄帝的鞋子，有的拉着神龙的胡须，都想爬上去。结果黄帝的鞋子掉了下来，在地上砸出一个大坑；龙的胡须也被一根根拉断，人们纷纷掉到地上。这些被拉断的龙须落地生根，化而为草，百姓就把这种草叫作"龙须草"。被黄帝鞋子砸出来的那个坑积满了水，百姓就叫它"黄履塘"。黄帝炼丹的宝鼎也化作一座几百丈高的山峰，峰顶还有个积满水的小湖，百姓就叫它"鼎湖"。人们还根据黄帝又叫"缙云氏"的说法，把这座山叫作"缙云山"。

传说黄帝登上龙背时，鞋底粘了一颗饱满的金莲子，后来连鞋子一起掉下来时落在宝鼎中。宝鼎变成鼎湖，金莲子发了芽、开了花，香浮十里，引得神仙们争相采摘。老天爷看到后，就刮起一阵神风，把金莲花都卷上了天。

最后有两片花瓣在半空中飘呀飘，一片落在好溪里，化成"青莲石"，另一片却飘出很远，落到东阳的一座山上，每天夜里放出熠熠金光。当地百姓惊异极了，就称它为"金华山"（古语中"华"即"花"），也就是今天的金华山，金华山下的县城，后来就叫金华县。

2.仙都卫士岩

在仙都云雾缭绕的山冈上，有一块奇特的岩石孤零零地站立着，其神态威武雄壮，像一个精神抖擞的士兵在站岗，仙都百姓都把它叫作"卫士岩"。

他是谁的卫士，为什么会站在仙都的山冈上呢？

仙都民间传说，他是轩辕黄帝的贴身卫士，从中原一路跟随黄帝来南方巡视。来到缙云后，他忠心耿耿，日夜陪着黄帝铸鼎炼丹。等到九九八十一天后金丹炼成，卫士扶着轩辕黄帝跨上龙背时，大批臣民蜂拥而上，都想爬上龙脊追随黄帝而去，以致骑在龙背上的黄帝摇摇欲坠。卫士见势不妙，赶紧跳下来进行疏导，神龙这才一飞冲天，消失在空中。从此卫士就长留仙都，日日抬头仰望蓝天，盼望神龙下凡，带他回到黄帝身边。

等到大唐天宝七年六月八日，仙都上空突然仙乐响亮，鸾鹤飞舞，遥闻云中山呼万岁。卫士见此，不禁热泪盈眶，以为自己终于等到了神龙驾着黄帝重游仙都。可是他左等右等，直到仙乐渐远，鸾鹤隐没，神龙也消失在天际，他这才明白，神龙早已把他给忘了！

于是卫士化作巨石，一心一意保护仙都百姓免受邪神恶魔的侵扰，直到今天。

六、轩辕祭典的保护传承

缙云轩辕祭典流传于江南山乡，带有南方山地农耕文明的地域特征，是中国南方唯一的黄帝文化遗存。历代有众多热心传承祭典相关知识的群众，往往以群体性传承为主，相互交流，取长补短。

六、轩辕祭典的保护传承

[壹]轩辕祭典的价值

缙云轩辕祭典是长期流传于中国南方的祭祀礼仪,从缙云氏的南迁到缙云山、缙云堂、缙云县的得名,从黄帝在缙云山炼丹、驭龙升天的传说到彩云仙乐、山呼万岁的奇闻,从唐玄宗赐名仙都山到敕建黄帝祠宇,从黄帝祠宇敕改玉虚宫到金龙玉简的发现,充分体现出轩辕祭典之历史主线。

缙云源远流长的中国南方黄帝文化,对我们探索华夏氏族早期的迁徙史、中原移民与南方先民的融合史以及江南经济文化的繁荣史,都有很高的研究价值。作为黄帝崇拜的遗存,缙云轩辕祭典形式独特,体现了原始农耕文明敬天法祖、尊宗敬祖的传统美德。

缙云轩辕祭典还促进了缙云当地民间艺术的发展。祭典作为缙云最大的礼仪活动,是地方传统技艺的展演平台。富有地方特色的各种传统表演艺术在祭典中争奇斗艳,展示了民间艺人的创作天赋和表演才能,不仅丰富了当地民众的文化生活,而且促进了社会的和谐与稳定。

缙云轩辕祭典活动的主场所仙都是国务院公布的国家重点文

物保护单位，境内九曲练溪，十里画廊，历代骚人墨客如计倪、徐登、赵昉、葛玄、葛洪、王羲之、谢灵运、李白、白居易、皮日休、陆龟蒙、周景复、陆修静、孙游岳、陶弘景、杜光庭、刘处静、间丘方远、赵抃、沈括、王十朋、范成大、朱熹、赵孟頫、虞集、刘伯温、汤显祖、徐霞客、陈子龙、朱彝尊、阮元、袁枚、潘天寿、郭沫若、茅盾、沙孟海等等，都在仙都留下了题刻、游记和诗篇，形成了极富地方特色的黄帝文化和人文景观，这是一笔不可多得的文化遗产。

近年来的缙云轩辕祭典不仅吸引了邻近地区群众前来寻根问祖，而且吸引了港、澳、台同胞及海外侨胞前来祭拜，强化了民族归属感、文化认同感以及"百族同宗，万流同源"的民族意识。因此，轩辕祭典不仅具有独特的历史价值，而且具有很强的现实意义。

[贰]轩辕祭典的现状

缙云轩辕祭典流传于江南山乡，带有南方山地农耕文明的地域特征，可以说是中国南方唯一的黄帝文化遗存。然而轩辕祭典的现状，一个时期以来并不乐观。

比如祭祀场所除在黄帝祠宇这个特定地点外，还存在于各地宗祠和百姓道坛中。特别是春祭，广大民众是把轩辕氏当作自己的远祖予以祭拜的，祭祀全凭主事人的认知程度。由于年轻一代传统观念的淡薄以及新时期多元文化的冲击，人们对祭祀活动热情不高，祭拜程序日趋简化，随着年长者的相继谢世，年轻人的民间信仰逐步淡化,亟须采取措施加以保护。

此外,在现代西方文化表演形式的影响下,部分民间文艺表演队伍为了追求华丽美观,在道具、服装等方面加入了一些现代的甚至西方的元素。原先气势磅礴、惊险刺激的板龙舞,由于片面强调安全而被取消,改为布龙舞;狮舞也由原来极具地方特色的板狮改为南狮。这些变化,使得一些传统的表演项目逐渐被取代或萎缩、异化,失去了原有的古朴和神韵。

从目前来看,轩辕祭典的瓶颈是祭祀大院场地过于狭小,难以容纳更多的民间参祭者,以致许多远道而来的寻根拜祖者不能亲祭,只能远观。另外一个严重问题就是资金缺乏。轩辕祭典的活动经费主要靠民间集资,加上社会团体、企事业单位和海内外有识之士的赞助,资金的多寡直接影响活动的规格和规模。一旦民间集资出现困难,就会影响祭祀活动的开展。

[叁]轩辕祭典的传承

轩辕祭典高度集中了江南山乡形式多样的民间祭祀仪式和传统文化表演。它包括祭典仪式的规范性操作以及狮舞、龙舞、幡旗舞、钢叉舞、竹马舞、哑背疯、老鼠娶亲、十八狐狸、三十六行等民间文艺表演。历代都有众多热心传承祭典相关知识的群众,他们往往以群体性传承为主,相互交流、相互促进、取长补短。

2009年,缙云县人民政府成立了非物质文化遗产保护工作领导小组,出台了《关于加强非物质文化遗产保护工作的意见》、《缙云县非物质文化遗产代表性传承人评定办法》、《缙云县非物质文化遗产保护规划》、《轩辕氏祭典活动突发事件应急预案》等一系列政策措施,以加强对轩辕祭典活动项目和传承人的动态管理,落实项目保护和传承人扶持政策。

近年来,缙云县非物质文化遗产保护中心对轩辕祭典项目的历史渊源、生态环境和传承状况等进行了全面调查,搜集了大量文字、图片和视频资料,建立了完整的项目档案。从1998年开始,成立轩辕黄帝史迹陈列馆,常年展示黄帝文化的相关资料和轩辕氏祭典的图文、实物资料。

缙云县非物质文化遗产保护中心还建立了传承人档案,实施动态管理,明确传承人的权利和义务,向代表性传承人发放生活津贴;充分发挥传承人的作用,鼓励他们带徒授艺,举办培训班,让更多的民间艺人参与传承祭典礼仪、音乐以及各种民间传统表演艺术。

[肆]轩辕祭典的研究成果

1998年8月6日,浙江大学历史系、浙江省历史学会、缙云县旅游局、缙云县广播电视局联合召开了"缙云县第一届黄帝文化研讨会"。专家学者根据有关古籍史料的记载,分析了黄帝与缙云的关系,梳理了黄帝文化在南方落地生根及演变的历史脉络。会议认为,中国北方的黄帝文化博大精深,影响很大,而对于缙云这个硕果仅

存的中国南方黄帝文化传承地，国人却知之甚少，因此建议将黄帝文化作为缙云的核心文化，进一步开展深入研究。可以说，这次会议基本确定了缙云黄帝文化研究的方向。

2000年10月6日，中国先秦史学会、西北大学历史系、缙云黄帝文化研究会在缙云召开了"中国首届黄帝文化学术研讨会"。专家们经过史料研究和实地考察，一致认为缙云是中国南方的黄帝祭祀中心和黄帝文化辐射中心。

2004年10月23日，中国社科院、韩国延世大学、浙江大学、复旦大学、陕西师大、上海师大、中国先秦史学会、魏晋南北朝史学会以及缙云黄帝文化研究会在缙云召开了"国际黄帝文化研讨会"。

中国首届黄帝文化学术研讨会在缙云举行（2000年）

黄帝文化学术研讨会

2006年10月30日，中国魏晋南北朝史学会、浙江大学、浙江省历史学会、缙云黄帝文化研究会在缙云召开了"中国第二届黄帝文化学术研讨会"。会议重点研讨了魏晋南北朝时期黄帝文化在缙云的发展。

2007年，"轩辕祭典"被浙江省人民政府列入浙江省非物质文化遗产名录。2008年，"清明节·仙都轩辕氏祭典"被浙江省文化厅确定为浙江省民族传统节日保护基地。

2010年10月13日，中国社科院历史研究所、中国先秦史学会、中国秦文研究会、缙云黄帝文化研究会在缙云召开了"中国第三届黄帝文化学术研讨会"。社科院历史研究所副所长王震中，中国先秦史学会会长、社科院学部委员宋镇豪，社科院研究员、先秦史学会副会长兼秘书长宫长为，中国秦文研究会会长贾雪阳等一大批专家学者参加了这次研讨会，发表了一批学术论文。中国先秦史学会授予缙云"中国黄帝文化研究基地"称号，确立了缙云作为中国南方黄帝文化研究中心的地位。

2011年，国务院公布"缙云轩辕祭典"为国家非物质文化遗产。

近年来，缙云非遗保护中心联合缙云黄帝文化研究会，多次进行轩辕祭典的传承、保护研究，取得了不少成果。通过"走出去、请进来"的学术研究和学术交流，进一步扩大了缙云"南方黄帝祭祀中心"和"南方黄帝文化辐射中心"的影响力。

据统计,自1998年以来,缙云先后编印、出版了以下与轩辕祭典有关的图书:

1999年10月,《轩辕黄帝与缙云仙都》,缙云县旅游局编印;

2005年8月,《黄帝文化研究》,山西古籍出版社;

2007年10月,《黄帝祠宇楹联大观》,浙江人民出版社;

2009年10月,《千古缙云》,西泠印社出版社;

2010年11月,《仙境寻奇》,西泠印社出版社;

2011年2月,《黄帝祠宇祭典》,缙云县政协编印;

缙云黄帝文化研究书籍

2011年12月,《缙云黄帝文化研究》,西泠印社出版社。

2013年8月26至28日,中央电视台《探索与发现》栏目连续三天播出了在缙云拍摄的《缙云黄帝祠宇探源》,全面介绍了缙云黄帝祠宇和黄帝祭典的源流、发展、兴盛、衰落、复兴的过程,不仅扩大了中国南方黄帝文化的影响,而且极大地促进了缙云对黄帝文化的研究、保护、传承和发展。

我们相信,只要不懈努力,缙云轩辕祭典一定会受到更多海内外中华儿女的关注,尤其在两岸统一的过程中发挥其独特作用。

主要参考文献

〔汉〕司马迁《史记》

〔唐〕张守节《史记正义》

〔唐〕《轩辕黄帝传》

〔南朝梁〕顾野王《玉篇》

〔汉〕许慎《说文解字》

〔汉〕皇甫谧《帝王世纪》

〔清〕马骕《绎史》

〔南朝梁〕任昉《述异记》

〔汉〕赵晔《吴越春秋》

〔春秋〕管仲《管子》

〔宋〕李昉等《太平御览》

〔宋〕罗泌《路史》

〔汉〕班固《汉书》

〔秦〕《世本》

〔汉〕陆贾《新语》

〔汉〕刘向《列仙传》

〔南朝宋〕裴骃《史记集解》

〔唐〕李泰《括地志》

〔唐〕 房玄龄等《晋书》

〔春秋战国〕《竹书纪年》

〔晋〕 葛洪《抱朴子》

〔春秋〕 左丘明《左传》

〔西周〕 周公旦《周礼》

〔唐〕 李吉甫《元和郡县图志》

〔东晋〕 王嘉《拾遗记》

〔晋〕 郭璞《山海经》

〔南北朝〕 虞荔《鼎录》

〔南朝宋〕 郑缉之《东阳记》

〔唐〕 司马承祯《上清天地宫府图经》

〔唐〕 杜光庭《洞天福地岳渎名山记》

〔战国〕 公羊高《公羊传》

〔西汉〕 戴德《大戴礼记》

〔南朝宋〕刘澄之《山川古今记》

〔北宋〕 司马光《资治通鉴》

〔元〕 陈性定《仙都志》

〔北宋〕《宣和书谱》

〔北宋〕 范镇《东斋记事》

〔南宋〕 楼钥《北行日录》

后记

这是中国南方独一无二的祭祀黄帝的盛典。

遥想当年，轩辕黄帝意气风发，神州大地群星璀璨，开创了远古华夏文明最辉煌的时代。轩辕黄帝无疑是传说时代最伟大的首领，但由于缺乏文字记载，司马迁在《史记》中字斟句酌，仅仅用494个字来记述其生平。如今，现代史家要研究这位"人文始祖"，面临的是和两千多年前的太史公相同的难题，那就是史料的匮乏。

与之相似，延续近两千年的"缙云轩辕祭典"，其绝大部分史料遗存早已在改朝换代的战火中化为灰烬，笔者在行文之际尤感无米之炊的艰难。好在1998年缙云恢复中断一个多世纪的轩辕祭典时，笔者作为主要策划者，在浙江大学历史系、浙江省史学会有关专家的指导下，成功设计了这一祭祀盛典。然而，在创作此书过程中，仍然感觉脚下如履薄冰，肩上压着千斤重担……

此刻，字里行间曾经有过多少困惑和疑难，下笔之时经历了多少花明与柳暗，都已成为过去。重要的是作为中华儿女之一员，终于为华夏历史上最伟大的始祖，献上了自己最虔诚的礼拜。

浙江省非遗专家吕洪年先生认真为本书审稿，并提出许多宝贵意见，在此谨致谢忱。

中国先秦史学会会员、浙江省史学会理事

项一中

2015年10月

责任编辑：张　宇

装帧设计：薛　蔚

责任校对：高余朵

责任印制：朱圣学

装帧顾问：张　望

封面图片由许小峰拍摄

图书在版编目（ＣＩＰ）数据

缙云轩辕祭典 / 项一中编著. -- 杭州 : 浙江摄影
出版社, 2015.12（2023.1重印）
　（浙江省非物质文化遗产代表作丛书 / 金兴盛主编）
　ISBN 978-7-5514-1178-3

　Ⅰ. ①缙… Ⅱ. ①项… Ⅲ. ①黄帝—祭祀—缙云县
Ⅳ. ①K892.24

　中国版本图书馆CIP数据核字(2015)第277744号

缙云轩辕祭典

项一中　编著

全国百佳图书出版单位
浙江摄影出版社出版发行
　　　地址：杭州市体育场路347号
　　　邮编：310006
　　　网址：www.photo.zjcb.com
制版：浙江新华图文制作有限公司
印刷：廊坊市印艺阁数字科技有限公司
开本：960mm×1270mm　　1/32
印张：5.75
2015年12月第1版　　2023年1月第3次印刷
ISBN　978-7-5514-1178-3
定价：46.00元